일본 UNICOM과 독점 라이센스

新일본어능력시험 파트별 실전적중 문제집
N2 문법

초판 인쇄 | 2011년 6월 15일
초판 발행 | 2011년 6월 20일

감수 | 星野恵子

저자 | 星野恵子 · 辻和子

발행인 | 김태웅

책임편집 | 이주영

디자인 | 안성민, 차경숙

마케팅 | 권혁주, 조도현, 정상석, 서재욱, 장영임, 김귀찬, 김철영

제작 | 현대순

발행처 | 동양북스

등록 | 제 10-806호(1993년 4월 3일)

주소 | 서울시 마포구 서교동 463-16호 (121-842)

전화 | (02)337-1737

팩스 | (02)334-6624

웹사이트 | http://www.dongyangbooks.com
http://www.dongyangtv.com

ISBN 978-89-8300-799-5 14730
978-89-8300-797-1 14730 (세트)

N2

일본 UNICOM과 독점 라이센스

新 일본어능력시험

파트별

실전적중

문제집

호시노 케이코 · 츠지 카즈코 지음

문제집

문법

동양books

목차

Contents

★ 이 책의 구성

> ▪ 문제(본책)
>
> 〈문장의 문법1〉300문제 : 12문제 x 25회
>
> 〈문장의 문법2〉75문제 :   5문제 x 15회
>
> 〈글의 문법〉   50문제 :   1문제(소문 5문) x 10회
>
> ▪ 정답 · 해설 (별책)

★ 이 책의 특징과 사용법

① 문제수가 많다.

새로운 「일본어능력시험」을 보시게 될 여러분이 N2의 문법을 마스터할 수 있도록 연습문제를 많이 넣었습니다. N2의 문법항목이 전부 들어가 있는 것은 물론이며, 다른 문제에서도 하나의 문법항목이 2번이고 3번이고 나옵니다. 합격으로의 지름길은, 무엇보다도 문제를 많이 풀어보는 것입니다. 이 책 한 권을 공부함으로써 합격을 이룰 수 있습니다.

② 회마다 조금씩 진도를 나갈 수 있다.

조금씩 공부해 나갈 수 있도록, 3개의 문제가 각각 10회~15회로 나눠져 있습니다. 어디에서 시작해도 괜찮습니다만, 1회마다, 페이지 오른쪽 상단의 득점란에 점수를 기입하여 현재의 실력을 측정해 보세요. 모든 회가 끝나면, 제1회로 돌아가, 다시 도전해 봅시다. 전에 틀린 문제는, 두 번 다시 틀리지 않는다는 것이 중요합니다.

③ 친절하게 해설이 되어 있다.

별책에 정답과 문제의 해설(힌트와 푸는 방법)이 있습니다. 공부를 그다지 좋아하지 않는 사람은, 정답을 체크하고, 틀린 문제만 그 해설을 읽어보면 좋을 것입니다. 공부를 좋아하는 사람은, 정답을 맞춘 문제라도 답에 자신이 없는 문제는 반드시 해설부분을 충분히 잘 읽어주세요. 해설을 읽음으로써 실력은 크게 향상될 것입니다.

④ 어려운 설명에는 번역이 있다.

별책에는, 어려운 일본어 설명에 한국어 번역이 있으므로, 해설이 읽기 쉽게, 알기 쉽도록 되어 있습니다.

★ N2 「문법」 공부 포인트

〈문장의 문법 1〉

빈칸 안에 들어갈 적당한 단어를 선택지에서 선택하여 넣습니다. 빈칸에 들어가는 단어는, N2레벨의 일본어 학습자에게 꼭 필요한 기능어류(표현문형)가 중심이 됩니다만, 어떠한 것도 일상에서 자주 사용되는 중요한 표현이므로, 「문법」 분야뿐만 아니라 「독해」 「청해」의 실력을 향상시키기 위해서도, 확실히 공부해 주시기 바랍니다.

〈문장의 문법 2〉

문장을 올바르게 짜맞추는 새로운 형식의 문제입니다. 이 문제에서 언급되는 포인트 또한 역시 기능어의 표현문형이 중심이 됩니다. 그러나 기능어의 의미와 사용방법의 지식만으로는 이 문제의 정답을 맞출 수 없습니다. 지금까지 공부해온 문법의 규칙 전부를 열쇠로 삼아 문장을 짜맞추는 연습이 필요합니다. 익숙해지지 않으면 어렵다고 느낄 수도 있습니다만, 퍼즐을 맞추는 것과 같은 즐거움도 있습니다. 연습문제를 많이 풀어가는 과정에 꼭 이 문제를 좋아하게 될 것입니다.

<글의 문법>

정리된 문장 안에 빈칸이 있습니다. 문장의 흐름을 이해한 상태에서 의미상 적합하고, 문법적으로 적절한 단어를 선택하는 문제입니다. 빈칸에 들어가는 것은 조사, 접속사, 기능어류, 문말표현 등의 문법적인 것 외에, 의미상으로 생각했을 때 문맥에 맞을 것 같은 어구와 문도 있습니다.

이 문제를 풀 때는, 먼저 문제전체의 의미를 파악하고 문장의 흐름과 진행방법을 이해해야 합니다. 다음으로 세세한 부분을 주목하여 문장과 문장의 관계를 생각하면서 빈칸에 들어갈 단어를 선택지에서 고릅니다. 이러한 과정이 짧은 시간 내에 이루어져야 하기에 간단하지는 않습니다. 그러므로 연습문제로 충분히 트레이닝할 필요가 있습니다. 이는, 독해연습도 함께 할 수 있는 좋은 공부가 될 것입니다.

문장의 문법 1

〈문장의 문법1〉에는 한 회 12문제 씩, 전부 25회(300문)의 문제가 있습니다. 실제 일본어능력시험에도 〈문장의 문법1〉은 12문제가 있으므로, 여기서는 25회분의 문제가 들어있는 것입니다.

한 회의 12문제 중, 7~8문제의 정답을 맞출 수 있으면 거의 합격입니다. 처음에는 성적이 좋지 않아도, 문제를 푸는 회를 진행해 가면서 점점 정답을 맞추는 것을 늘려가며, 마지막에 합격라인에 다다를 수 있도록 노력합시다.

문장의 문법 1

次の文の（　　　　）に入れるのに最もよいものを、1・2・3・4から一つ選びなさい。

1　遠慮しないで、どうぞ好きな（　　　　）食べてください。
　　1　だけ　　　　2　ほど　　　3　ぐらい　　　　4　ばかり

2　ゴミ処理場の建設に（　　　　）、住民への説明会が行われた。
　　1　したがって　　2　かけて　　3　おいて　　　　4　先立って

3　故障に（　　　　）、ただ今エレベーターの使用を中止しております。
　　1　つけ　　　　2　つき　　　3　ついて　　　　4　とって

4　ピアニストになりたいなら、一流の演奏家（　　　　）指導を受けるのがよい。
　　1　とともに　　　　　　　2　をもとに
　　3　のもとで　　　　　　　4　として

5　試合の前半は0点におさえられていたAチームは、後半、味方のゴールを
　　（　　　　）勢いがついた。
　　1　つうじて　　2　はじめ　　3　もって　　　　4　きっかけに

6　彼は仕事で何度も問題を起こした（　　　　）、会社をやめさせられた。
　　1　あまり　　　2　あげく　　3　とたん　　　　4　うえに

7　その学生は、お世話になった先生にあいさつする（　　　　）帰国してしまった。
　　1　ことなく　　　　　　　2　わけはなく
　　3　ばかりでなく　　　　　4　までもなく

8 電車に乗っているときに携帯電話が鳴ると、よくないとは（　　　　）電話に出てしまうことがある。

1　思ったところ　　　　　　　　2　思いながらも

3　思うものなら　　　　　　　　4　思うわりには

9 ピアノが弾ける（　　　　）、趣味で弾く程度です。

1　といっても　　2　というより3　としたら　　　　　4　ものなら

10 宝くじを当てるのは難しいが、（　　　　）当たるチャンスはまったくない。

1　買わないからといって　　　　2　買わないわりには

3　買わないことには　　　　　　4 買わないどころか

11 招待状をもらったら、（　　　　）返事をしないと失礼になる。

1　出席するにつけ欠席につけ

2　出席するにしろ欠席するにしろ

3　出席するやら欠席するやら

4　出席するとか欠席するとか

12 ブランドの名前がついた商品は値段（　　　　）よく売れる。

1　にかかわらず　　　　　　　　2　にもかかわらず

3　にかぎって　　　　　　　　　4　にかぎらず

次の文の（　　　　）に入れるのに最もよいものを、1・2・3・4から一つ選びなさい。

13　この週末は特に予定がある（　　　　）が、家でゆっくりしたいので、友人から
の誘(さそ)いを断った。

1　ほかない　　　　　　　　　2　ものではない

3　わけではない　　　　　　　4　ことはない

14　幼い子供が３人もいるので、今は習い事をする（　　　　）。

1　どころではない　　　　　　2　ことだ

3　わけがない　　　　　　　　4　ことになっている

15　一度引き受けた（　　　　）、最後まで責任を持ってやるつもりだ。

1　からして　　　2　あまり　　　3　ことから　　　　4　からには

16　しっかり者の妻の（　　　　）、私が単身赴任(たんしんふにん)で外国に行っている間も、家をきち
んと守ってくれるに違いない。

1　かわりに　　　　　　　　　2　ことから

3　ことだから　　　　　　　　4　わけだから

17　この料理は初心者（　　　　）ですから、今まで料理をしたことがない人でも簡
単に作れます。

1　がち　　　　　　2　だらけ　　　3　ばかり　　　　　4　向き

18　見かけの印象だけで人を判断する（　　　　）。人の見かけは必ずしも人の内容と
一致(いっち)するものではないからである。

1　べきだ　　　　　　　　　　2　べきではない

3　ほかない　　　　　　　　　4　というものだ

19 　入社したばかりなのに、そんなふうに会社の悪口を言う（　　　　）。

　　1　ものではない　　　　　　　　2　しかない

　　3　ものだ　　　　　　　　　　　4　わけだ

20 　彼の父親は画家なのだそうだ。彼、絵がうまい（　　　　）。

　　1　ことだ　　　　2　ものだ　　　3　わけだ　　　　4　そうだ

21 　自然保護（　　　）グループに入って活動したいと思っています。

　　1　を目的とする　　2　に目的となる

　　3　が目的とする　　4　の目的となる

22 　犬の散歩の（　　　　）、本屋によって新刊書を買った。

　　1　うちに　　　　2　ついでに　　3　わりに　　　　4　ところに

23 　近年、環境問題に対する世界各国の意識が変わり（　　　　）。

　　1　うる　　　　　　　　　　　　2　っこない

　　3　おそれがある　　　　　　　　4　つつある

24 　軽い気持ちでコンクールに参加した(　　　　)、1位になって自分でも驚いている。

　　1　すえに　　　　2　わりに　　3　ところに　　　4　ところ

次の文の（　　　　）に入れるのに最もよいものを、1・2・3・4から一つ選びなさい。

25 新年度の予算（　　　　）、二つの政党が激しく対立している。

1　を見て　　　　2　をめぐって　　3　を通して　　　4　をこめて

26 この問題は、専門家（　　　　）わからないのだから、私たち素人にわかるはず
がありません。

1　だけ　　　　　2　こそ　　　　　3　のみ　　　　4　でさえ

27 当店では、安くておいしい料理を増やしてほしいというお客様の声（　　　　）、
新しいメニューを加えました。

1　にあたって　　　　　　　2　にこたえて
3　につれて　　　　　　　　4　にしても

28 景気の悪化で中小企業（　　　　）、大企業も経営が難しくなっている。

1　に反して　　　2　ばかりに　　3　ばかりか　　4　の一方

29 今日は、朝コーヒーを飲んだ（　　　　）、何も食べていない。

1　ばかり　　　　2　かぎり　　　3　きりで　　　4　末

30 この町で一週間に（　　　　）行われたサッカーの国際試合が、今日幕を閉じた。

1　わたって　　　　　　　　2　わたる
3　わたっての　　　　　　　4　わたった

31 スキーの初心者の（　　　　）「上級者コースですべりたい」なんて、生意気だ。

1　ものを　　　　　　　　　2　ものの
3　くせに　　　　　　　　　4　かかわらず

32 社長が賛成しないかぎり、（　　　　）。

1　新しいプロジェクトを始めるだろう

2　新しいプロジェクトは始められない

3　新しいプロジェクトを始めるしかない

4　新しいプロジェクトは始められる

33 正しいことをしている（　　　　）、周りの人の協力が得られるとは限らない。

1　にもかかわらず　　　　　2　くせに

3　からには　　　　　　　　4　からといって

34 田中部長は、英語はもとより（　　　　）。

1　フランス語、中国語しかできない

2　フランス語、中国語ならできる

3　フランス語、中国語はできない

4　フランス語、中国語もできる

35 彼は、コンピューターに詳しい（くわ）（　　　　）、みんなに「コンピューター博士（はかせ）」と
呼ばれている。

1　ことから　　　　　　　　2　ことにあたり

3　ことに　　　　　　　　　4　ことだから

36 合格の知らせを聞いた彼女は、うれしさの（　　　　）泣き出してしまった。

1　末に　　　　2　あまり　　　　3　かぎり　　　　4　上に

문장의 문법 1

次の文の（　　　　）に入れるのに最もよいものを、1・2・3・4から一つ選びなさい。

[37] 本日の会議では、社会に（　　　　）女性の地位について話し合います。

1　おいて　　　　2　おいては　　　3　おける　　　　4　おいても

[38] 目上の人に（　　　　）敬語を使うのは、日本だけの文化ではない。

1　対して　　　　2　とって　　　　3　ついて　　　　4　よって

[39] いねむり運転に（　　　　）交通事故はなかなか減らない。

1　よって　　　　2　よる　　　　　3　よれば　　　　4　より

[40] お酒を飲みすぎた（　　　　）、次の日は大学を休んでしまった。

1　おかげで　　　2　うちに　　　　3　ところへ　　　4　せいで

[41] 子どもが（　　　　）以来、主人は毎晩早く帰宅するようになりました。

1　生まれて　　　2　生まれた　　　3　生まれる　　　4　生まれている

[42] もう子どもじゃないんだから、自分の部屋くらい（　　　　）。

1　自分で掃除したくない　　　　2　自分で掃除しなくてもいい

3　自分で掃除しなさい　　　　　4　自分で掃除するかもしれない

[43] 田中はただ今、席をはずしておりますので、（　　　　）次第そちらにお電話させます。

1　戻る　　　　　2　戻った　　　　3　戻り　　　　　4　戻って

[44] 先輩のおかげで、新入社員の私も早く会社に（　　　　）。

1　慣れることができた　　　　　2　慣れようとしている

3　慣れたいと思う　　　　　　　4　慣れることができなかった

45　もう 5 時だ。暗く（　　　　）帰ろう。

1　ならないばかりに　　　　　2　ならないまでに

3　ならないように　　　　　　4　ならないうちに

46　ひらがなやカタカナは漢字を（　　　　）つくられた。

1　問わず　　　　2　もとに　　　　3　よって　　　　4　応じて

47　町が発展するに（　　　　　）、人口が増え、その結果ごみも増えてしまったことが問題になっている。

1　比べて　　　　2　とって　　　　3　つれて　　　　4　対して

48　日本に来て、すしを（　　　　　）、主な和食はたいてい食べた。

1　とわず　　　　2　はじめ　　　　3　めぐって　　　　4　こめて

次の文の（　　　　）に入れるのに最もよいものを、1・2・3・4から一つ選びなさい。

49　お金（　　　　）あれば何でもできるという考えはまちがっていると思う。
　　1　まで　　　　　　2　さえ　　　　　　3　しか　　　　　4　こそ

50　たとえどんなに練習が（　　　　）、オリンピックで金メダルをとる夢はあきらめられない。
　　1　苦しいので　　　　　　　　2　苦しかったら
　　3　苦しくても　　　　　　　　4　苦しければ

51　遅くなったのでタクシーで帰りたいが、お金がないから（　　　　）。
　　1　歩いて帰ることはない　　　　2　歩いて帰るまい
　　3　歩いて帰るわけがない　　　　4　歩いて帰るしかない

52　ちょっと忙しかった（　　　　）、返事が遅れてしまいました。申し訳ありません。
　　1　とたんに　　　2　ところで　　　3　もので　　　　4　ものなら

53　春から秋（　　　　）雨が非常に少なかったので、この冬は全国的に水不足の状態が続いている。
　　1　にかけて　　　2　に沿って　　　3　に先立って　　　4　に伴って

54　この部屋は長い間使っていなかったので、ほこり（　　　　）になってしまった。
　　1　がち　　　　　2　だらけ　　　　3　気味　　　　4　っぽい

55　お酒が原因でまわりに迷惑をかけてしまった。もう二度と（　　　　）と思う。
　　1　飲むしかない　　　　　　　2　飲みにくい
　　3　飲まざるをえない　　　　　4　飲むまい

56 彼は親にもらったお金を１年で使い（　　　　）しまいました。

1 ぬいて 　　　　2 かけて 　　　　3 きって 　　　　4 きれて

57 年を取ったせいか、最近忘れ（　　　　）なって、人の名前が思い出せないことが多い。

1 がたく 　　　　2 っぽく 　　　　3 がちに 　　　　4 気味に

58 私が車で送りますから、電車の時間を気にする（　　　　）。

1 ことはありませんよ 　　　　　　2 わけがありませんよ

3 はずはありませんよ 　　　　　　4 しかありませんよ

59 このケーキは、本に書いてある（　　　　）作れば、失敗することはないはずだ。

1 ところに 　　　2 上に 　　　　　3 とおりに 　　　4 うちに

60 私の会社では１０年間働いたら、１週間休みがもらえる（　　　　）。

1 ことだ 　　　　　　　　　　2 ものだ

3 ものではない 　　　　　　　4 ことになっている

次の文の（　　　　）に入れるのに最もよいものを、1・2・3・4から一つ選びなさい。

---

61 安くて質もいいからだろう。この商品はおもしろい（　　　　）よく売れる。

    1　だけ　　　　　2　こそ　　　　　3　ほど　　　　　4　たび

---

62 彼の研究は専門家（　　　　）、一般の人々にも高く評価された。

    1　にかかわらず　　　　　　　2　のみならず

    3　ぬきにして　　　　　　　　4　にかぎって

---

63 インターネットは、私たちに多くの情報を与えてくれる（　　　　）、社会に悪い影響を与える場合もある。

    1　といっても　　2　につれて　　　3　反面　　　　　4　したがって

---

64 できる（　　　　）、今すぐにでも国に帰りたい。しかし、それは不可能だ。

    1　ものなら　　2　からには　　　3　ことだから　　4　はずなら

---

65 春になったとはいう（　　　　）、朝晩はまだ寒い。

    1　にもかかわらず　2　にしては　　3　ながら　　　　4　ものの

---

66 あの子は年の（　　　　）、人の気持ちがよくわかる。

    1　ほどに　　　　　2　わりに　　　　3　くせに　　　　4　だけに

---

67 暮らしやすい社会にするために、私たち自身に今何ができるのかいっしょに（　　　　）。

    1　考えないとはかぎりませんか

    2　考えることさえできますか

    3　考えようではありませんか

    4　考えないわけПではありませんか

문장의 문법 1　문장의 문법 2　글의 문법

68 それは、起こることが十分に予測し（　　　）事故だった。

1　得る　　　　　2　かねる　　　3　ながら　　　4　つつある

69 森さんにこれ以上辛い仕事をさせたら、彼は会社を（　　　）。

1　やめかける　　　　　　　2　やめることだ

3　やめかねない　　　　　　4　やめがたい

70 あなたの意見もよくわかりますが、賛成（　　　）点も少しあります。

1　せずにはいられない　　　2　しかねる

3　するしかない　　　　　　4　しうる

71 夕暮れ時に見る富士山は、なんと美しい（　　　）。

1　せいだ　　　　2　ことに　　　3　せいだ　　　　4　ことか

72 健康でいたければ、たばこを（　　　）。

1　吸わないわけです　　　　2　やめることです

3　吸いかねません　　　　　4　やめようもありません

次の文の（　　　　）に入れるのに最もよいものを、1・2・3・4から一つ選びなさい。

73 せっかく見つけたアルバイトだが、試験が近づいたので、（　　　　）。
1　やめずにはいられない　　　　2　やめざるをえない
3　やめないわけではない　　　　4　やめるにほかならない

74 今夜から明日の朝（　　　　）、関東地方では大雪になる恐れがあります。
1　につれて　　　　　　　　　　2　にかけて
3　にともなって　　　　　　　　4　に沿って

75 最近、運動不足（　　　　）なので、早起きして駅まで歩くようにしています。
1　気味　　　　2　次第　　　　3　反面　　　　4　以来

76 医者の話によると、祖母は二、三日で退院できるだろう（　　　　）。
1　どころではない　　　　　　2　にきまっている
3　ということだ　　　　　　　4　というものだ

77 娘はもう18歳になるのに、いつまでも子ども（　　　　）。
これから社会人としてひとり立ちできるかどうか心配だ。
1　がちだ　　　　2　だらけだ　　　3　っぽい　　　4　らしい

78 あんな小さい子どもに、この小説が理解できる（　　　　）。
1　わけだ　　　　　　　　　　2　わけがない
3　しかない　　　　　　　　　4　わけにはいかない

79 この部屋は、体が不自由な人にも使いやすい（　　　　）設計されています。
1　ように　　　　2　ために　　　3　ばかりに　　　4　とおりに

80 皆様の温かい応援があった（　　　）、最後までがんばることができました。

1　から見ると　　　　　　　2　からいうと

3　からこそ　　　　　　　　4　からといって

81 財布をなくしてしまったが、いつ、どこでなくしたか、全く覚えていないので、
（　　　）。

1　探しようがない　　　　　2　探さざるをえない

3　探さずにはいられない　　4　探すにほかならない

82 彼女の歌声には、聞く人を感動させる（　　　）。

1　というものではない　　　2　ものにほかならない

3　というものだ　　　　　　4　ものがある

83 彼はテニスの選手だが、テニス（　　　）、球技には自信があるらしい。

1　にかかわらず　　　　　　2　に限らず

3　にしても　　　　　　　　4　にかけても

84 こんなにひどいことを言われたら、だれでも（　　　）だろう。

1　怒らないこともない　　　2　怒ることはない

3　怒らないではいられない　4　怒らないものではない

次の文の（　　　　）に入れるのに最もよいものを、1・2・3・4から一つ選びなさい。

85　1週間で5キロも体重を減らすなんて、そんなこと（　　　　）よ。

1　できっこない　　　　　　　　2　できるに限る

3　できかねる　　　　　　　　　4　できがたい

86　君が本当に成功したいなら、人の何倍も（　　　　）。

1　努力するものか　　　　　　　2　努力することか

3　努力するものだ　　　　　　　4　努力することだ

87　わが国の経済の状態がこのように悪くなろうとは、だれも（　　　　）。

1　予測せざるをえなかった　　　2　予測するわけではなかった

3　予測しえなかった　　　　　　4　予測しかねなかった

88　厳しい練習に（　　　　）、クラブをやめてしまう選手が多いらしい。

1　耐えぬいて　　　　　　　　　2　耐えたところ

3　耐える一方で　　　　　　　　4　耐えかねて

89　少しは休みを取らないと、働きすぎで病気になり（　　　　）よ。

1　つつあります　　　　　　　　2　かねません

3　かねます　　　　　　　　　　4　かけません

90　このたび会社を辞めることになり、今日こうしてご挨拶に伺った（　　　　）。

1　以上です　　　2　限りです　　　3　次第です　　　4　向きです

91　お金がないとき（　　　　）、友達からの遊びの誘いが多い。

1　に限って　　　2　のくせに　　　3　ばかりか　　　4　もかまわず

92 「一人でお留守番、できる？」

「うん、大丈夫だよ。だって、ぼく、もう（　　　　）。」

1　子供っぽくない　　　　　　2　子供じゃないもん

3　子供じゃないんだっけ　　　4　子供じゃないにきまっている

93 人をだまして金をとったのだから、これは犯罪（　　　　）。

1　にほかならない　2　に限る　　3　次第だ　　　4　というものだ

94 今回のテストは、十分な準備ができなかった（　　　　）、よい点が取れた。

1　からすると　　2　というより　3　わりに　　　4　ほど

95 希望の会社に入った（　　　　）、やりたい仕事をなかなかやらせてもらえない。

1　あげくに　　2　以上は　　　3　反面　　　4　ものの

96 できる（　　　　）、世界で一番大きな会社の社長になりたいのだが。

1　ものなら　　2　ものの　　　3　あまり　　　4　かぎりでは

문장의 문법 1

次の文の（　　　　）に入れるのに最もよいものを、1・2・3・4から一つ選びなさい。

97　都心に住むのは、通勤^{つうきん}に便利な（　　　　）、静かな生活ができないという問題もある。

　　1　上は　　　　　　2　際に　　　　　3　半面　　　　　4　次第で

98　彼女は歌手として活躍^{かつやく}する（　　　）、女優としても成功している。

　　1　に限らず　　　2　のみならず　　3　はじめ　　　　4　はともかく

99　ただ一生懸命^{いっしょうけんめい}に働けばいい（　　　　）。効率のいい働き方を心がけよう。

　　1　というものだ　　　　　　　2　というものではない

　　3　ということだ　　　　　　　4　ということにはかならない

100　本日当店ではサービス券をお持ちのお客様（　　　　）、５０％割引いたします。

　　1　に限り　　　　　　　　　2　にもかかわらず

　　3　ぬきで　　　　　　　　　4　にしては

101　その問題の対策^{たいさく}は、現在、部内で検討^{けんとう}している（　　　　）です。返事はもう少し待ってください。

　　1　次第^{しだい}　　　　2　最中　　　　3　一方　　　　4　時

102　町を掃除するボランティア活動には、わが社の社長（　　　　）全社員が参加した。

　　1　として　　　2　とともに　　　3　ぬきで　　　　4　をはじめ

103　去年病気をして（　　　　）、食事の栄養^{えいよう}のバランスを考えるようになった。

　　1　以上　　　　2　以来　　　　3　以前　　　　4　以後

104 失恋の痛みは、時間の流れ（　　　　）小さくなるものだ。

1　次第で　　　　2　に限って　　　3　とともに　　　4　を問わず

105 生まれたときからずっと一緒にいるこの犬は、私（　　　　）兄弟のような存在です。

1　にとって　　　2　として　　　3　に対して　　　4　との

106 太陽光発電（　　　　）研究は非常に興味深い。

1　にしての　　　　　　　　2　としての

3　につけての　　　　　　　4　についての

107 朝は寝坊をしたので朝御飯（　　　）来ました。

1　なくては　　　2　なしでは　　　3　きりで　　　　4　ぬきで

108 この番組（　　　　）ご意見やご感想をお待ちしております。

1　からの　　　2　に対する　　　3　の方へ　　　　4　による

次の文の（　　　　）に入れるのに最もよいものを、1・2・3・4から一つ選びなさい。

109 この時計は、父が私に高校入学のお祝い（　　　　）くれたものです。

    1　にとって　　　2　として　　　　3　とした　　　　4　に対して

110 インターネットショッピングを利用する人の増加（　　　　）、店で買い物をする人の数が減っている。

    1　はもとより　　2　につけ　　　　3　をもとに　　　4　に伴って

111 りの花を見る（　　　　）、この花が好きだった母のことを思い出す。

    1　おきに　　　　2　とたん　　　　3　しだい　　　　4　たびに

112 先生が手術してくださった（　　　　）元気になりました。

    1　おかげで　　　2　ために　　　　3　せいで　　　　4　わけで

113 難しい曲だったが、くり返し（　　　　）歌えるようになった。

    1　歌ったうちに　　　　　　　　2　歌っていたうちに

    3　歌っているうちに　　　　　　4　歌わないうちに

114 修理が終わり（　　　　）ご連絡いたします。

    1　ところに　　　2　とたん　　　　3　末に　　　　　4　次第

115 警察は、犯人の顔を見た人の話（　　　　）、似顔絵をかいた。

    1　につれて　　　2　をもとに　　　3　をめぐって　　4　に関して

116 雨でキャンプが中止になった。その（　　　　）家でパーティーをした。

    1　ついでに　　　2　たびに　　　　3　かわりに　　　4　わりに

117 かぜ薬を飲んだ（　　　　）、なんだか眠い。

   1　からには　　　2　おかげで　　　3　からといって　4　せいか

118 収入に（　　　　）生活をしなければ、お金はいくらあっても足りない。

   1　応じた　　　　2　関した　　　　3　かわった　　　4　とおりの

119 最終電車に間に合わず困っていた（　　　　）、ちょうどタクシーが来たので、それに乗った。

   1　ところに　　2　とたん　　3　ものの　　　4　どころか

120 あの柔道(じゅうどう)の選手は、強い（　　　　）ハンサムなので、若い人に人気がある。

   1　ばかりに　　　2　くせに　　　3　うえに　　　4　もとより

문장의 문법 1

次の文の（　　　　）に入れるのに最もよいものを、1・2・3・4から一つ選びなさい。

121 現地に住む友人（　　　　）、オリンピックの入場券を手に入れた。
1　を通って　　　2　を通して　　　3　をめぐって　　4　をこめて

122 アンコールの拍手（　　　　）、バンドのメンバーは再びステージに登場した。
1　に沿って　　　　　　　　　2　につれて
3　にこたえて　　　　　　　　4　にかけて

123 高速道路は事故のため、P町からQ町まで10キロ（　　　　）通行止めになった。
1　にわたって　　　　　　　　2　にしたがって
3　に基づいて　　　　　　　　4　に沿って

124 彼女は自分では料理をしない（　　　　）、スーパーに行くと野菜や肉を大量に買い込む。
1　ついでに　　　　　　　　　2　くせに　　　3　かわりに　　4　ことに

125 この仕事が好き（　　　　）、辛いことがあっても今まで続けられたのだと思う。
1　なかわりに　　　　　　　　2　なばかりか
3　だからといって　　　　　　4　だからこそ

126 20分しか乗らなかったのに、気持ちが悪くなってしまった。
ヘリコプター（　　　　）、もう二度と乗りたくない。
1　こそ　　　　　2　だけ　　　　　3　なんか　　　　4　さえ

127 この国は労働人口が多いこと（　　　　）、資源が豊富であることから、今後ますますの発展が期待される。

1　に反して　　　2　に加えて　　　3　にこたえて　　4　に比べて

128 インターネットのサイトには、子どもの教育（　　　）よくないものもある。

1　的　　　　　　2　中　　　　　　3　上　　　　　　4　事

129 その母親は、人が見ているの（　　　）大声で娘をしかった。

1　を問わず　　　　　　　　　2　もかまわず
3　はもとより　　　　　　　　4　にこたえて

130 ゴミ収集（しゅうしゅう）の有料化（　　　）、市民の間でさまざまな意見が出ている。

1　を考えて　　　　　　　　　2　にしては
3　をめぐって　　　　　　　　4　において

131 退職（たいしょく）された先生に感謝（かんしゃ）の気持ち（　　　）、生徒たちが手紙を書いた。

1　をめぐって　　　　　　　　2　を入れて
3　を通して　　　　　　　　　4　をこめて

132 うちの息子は「ただいま」と言った（　　　）、もうゲームを始めている。

1　きり　　　　　　　　　　　2　ばかりに
3　かと思ったら　　　　　　　4　ところ

次の文の（　　　　）に入れるのに最もよいものを、1・2・3・4から一つ選びなさい。

133　母が入院したという連絡を受けて、心配の（　　　　）昨夜は眠れなかった。

1　あまり　　　2　ことから　　3　次第で　　　4　あげく

134　日本に来たばかりのころは西も東もわからず、一人で電車に乗ること（　　　　）
できなかった。

1　まで　　　　2　だけ　　　　3　さえ　　　　4　こそ

135　私の知っている（　　　　）、彼はまじめで正直な人だ。そんなひどいことをする
はずがないと思う。

1　ばかりでは　　　　　　　2　わけでは

3　ものでは　　　　　　　　4　かぎりでは

136　何か月も考えた（　　　　）、彼女は会社を辞めるという結論を出した。

1　わりに　　　2　末に　　　3　度に　　　4　ところ

137　困った（　　　　）、いくら考えても、お世話になったあの先生の名前が思い出せ
ない。

1　くせに　　　2　ものの　　　3　ことに　　　4　末に

138　大阪にいる友人を訪ねた。彼女は街を案内してくれた（　　　　）、おみやげまで
買ってくれた。

1　ばかりか　　2　あげく　　　3　末に　　　　4　だけに

139　「もう少しお待ちください。」というメールがきた（　　　　）、何日たっても返事
が来ない。どうしたのだろうか。

1　一方で　　　　　　　　　2　きり　　　3　までで　　　4　とたん

140 わが家の経済状態（　　　　　）、二人の息子を私立大学に進学させるなんて無理だ。

1　からといって　　　　　　　2　からいって

3　によると　　　　　　　　　4　にしたがって

141 マンションの建設工事を始めるに（　　　　）、近所の住民にあいさつの手紙が送
られた。

1　ついて　　　　2　とって　　　　3　あたって　　　4　ともなって

142 技術の優れたピアニストはほかにもいるが、表現力（　　　　）彼女に並ぶ人は
いない。

1　を通じては　　　　　　　　2　にかけては

3　をめぐっては　　　　　　　4　に沿っては

143 新しい店の開店に（　　　　）、新聞に広告をのせた。

1　際して　　　　2　つき　　　　　3　つけ　　　　　4　かけて

144 たばこを吸う人に（　　　　）、職場の禁煙はひどい制度だ。

1　したら　　　　2　しても　　　　3　つけ　　　　　4　つけても

次の文の（　　　　）に入れるのに最もよいものを、1・2・3・4から一つ選びなさい。

145　この歌を聞くに（　　　　）、夫と初めて出会った時のことを思い出して、なつかしい気持ちになる。

　　　1　つき　　　　　2　つけ　　　　　3　つけても　　　4　ついても

146　テストの点数が悪かったのは（　　　　）として、それを隠(かく)そうとした息子の行(おこな)いが許せない。

　　　1　もちろん　　　2　もとより　　　3　問わず　　　　4　ともかく

147　日本のアニメを見て感動したのを（　　　　）、日本語の勉強を始めた。

　　　1　もとに　　　　2　きっかけに　　3　めぐって　　　4　はじめ

148　禁煙すると決めた（　　　　）、もう絶対にたばこは吸わない覚悟(かくご)はできている。

　　　1　上　　　　　　2　上で　　　　　3　上に　　　　　4　上は

149　地震の（　　　　）は、エレベーターを使用せず階段を使用すること。

　　　1　たび　　　　　2　際　　　　　　3　うえ　　　　　4　末

150　飛行機を電話で予約した。チケットは当日空港に（　　　　）、受け取れない。

　　　1　行ったところが　　　　　　2　行ったついでに
　　　3　行ってからでないと　　　　4　行ってからは

151　隣(となり)の部屋にいる息子に「ごはんよ。」と声をかけたが、こちらに（　　　　）返事もしない。

　　　1　来るにしても　　　　　　　2　来るどころか
　　　3　来たばかりか　　　　　　　4　来たにもかかわらず

152　彼の言うことが正しい（　　　　）、私の方が間違っていることになる。

　　1　としたら　　　2　というと　　　3　にしたら　　　4　にしても

153　夫は、家事を半分手伝うと（　　　　）、まったく手伝ってくれない。

　　1　言うように　　　　　　　　2　言うばかりか

　　3　言ったうえは　　　　　　　4　言いながら

154　彼女は、ダイエット中だと言う（　　　）よく食べる。

　　1　としては　　　2　にしては　　　3　半面　　　　4　もかまわず

155　このスポーツ大会は、勝敗（　　　　）、参加することに意味がある。

　　1　ぬきで　　　　　　　　　2　のみならず

　　3　にかかわらず　　　　　　4　ばかりか

156　今日(こんにち)の世界経済は、発展の進むその国（　　　　）語(かた)ることはできない。

　　1　をぬきにして　　　　　　2　をとわず

　　3　はもとより　　　　　　　4　のみならず

次の文の（　　　　）に入れるのに最もよいものを、1・2・3・4から一つ選びなさい。

157 店に客を呼ぶために、今日は有名人に一日だけ店長（　　　　）来てもらった。
1　にとって　　　2　について　　　3　として　　　4　に対して

158 ブレーキに問題があるとわかった（　　　　）、この車を販売することはできない。
1　ものの　　　　2　以上は　　　　3　あげく　　　　4　にしろ

159 大事な書類だから忘れないようにと思っていた（　　　　）、持って来るのを忘れてしまった。
1　にしても　　　　　　　　2　ながらも
3　といっても　　　　　　　4　にもかかわらず

160 コンクールで賞をとった（　　　　）、この作品はすばらしい。
1　からには　　　　　　　　2　からこそ
3　だけあって　　　　　　　4　だからといって

161 仕事が速い田中さんの（　　　　）、会議の資料はもうできているでしょう。
1　ことだから　　　　　　　2　からすると
3　だけあって　　　　　　　4　からには

162 「やる」と言った（　　　　）、必ずやるぞ。
1　からして　　　2　からには　　　3　につけ　　　4　に際して

163 「隣(となり)の部屋にいるのは、田中さんでしょうか。」
「いや、あの笑い方（　　　　）課長じゃありませんか。」
1　かと思うと　　　　　　　2　からといって
3　からには　　　　　　　　4　からすると

164 「夏休み、一緒に旅行しない？」

「ごめんなさい。夏休みは論文の資料集めで忙しくて、旅行（　　　　）。」

1　するわけがないの　　　　　2　するにきまっているの

3　どころじゃないの　　　　　4　しないではいられないの

165 「佐藤さん、入院された（　　　　）。」

「ええ。来月、手術<ruby>（しゅじゅつ）</ruby>なさるそうですよ。」

1　ほど　　　　2　とか　　　　3　べき　　　　4　わけ

166 「教室、７０１に変わるんだ（　　　　）。」

「いや、７０２だよ。」

1　っけ　　　　2　ものか　　　　3　ことだ　　　　4　わけだ

167 その仕事をしたくない（　　　　）のですが、私ひとりの力では無理だと思って

お断りしました。

1　ほかない　　　　　2　どころではない

3　わけではない　　　　4　ものではない

168 うわあ！変な味になる（　　　　）。塩と砂糖<ruby>（さとう）</ruby>を間違えて入れていた！

1　に相違ない　　2　ものだ　　　3　にすぎない　　4　わけだ

次の文の（　　　）に入れるのに最もよいものを、1・2・3・4から一つ選びなさい。

169　知らない国を旅して、知らない人々に出会い、知らない文化に触れるのは、本当
　　　に楽しい（　　　）。
　　　1　ものだ　　　　　2　ものか　　　　3　わけだ　　　　4　わけか

170　あの店のサービスは最低だ。二度と行く（　　　）。
　　　1　わけか　　　　　2　ものか　　　　3　はずか　　　　4　ほどか

171　できることは全てやった。あとは結果が出るのを待つ（　　　）。
　　　1　ものがある　　　　　　　　　2　ほどではない
　　　3　ほかない　　　　　　　　　　4　だけのことはある

172　人が話しているときは、その人の顔を見て話を聞く（　　　）。
　　　1　ものか　　　　2　ほかない　　　3　わけだ　　　　4　べきだ

173　今まで一度も遅刻したことがないパクさんがまだ来ていない。
　　　途中で何かあった（　　　）。
　　　1　わけではない　　　　　　　　2　に違いない
　　　3　はずがない　　　　　　　　　4　にすぎない

174　どんなに性能のいいコンピューターでも、人間が使わなければただの箱（　　　）。
　　　1　にきまっている　　　　　　　2　しかない
　　　3　にすぎない　　　　　　　　　4　わけだ

175　彼の話なんて、信じるもんか。うそ（　　　）。
　　　1　のわけがない　　　　　　　　2　っぽい
　　　3　というものだ　　　　　　　　4　にきまってる

176 明日、両親が訪ねてくる。久しぶりに会うのでうれしくて（　　　　）。

    1　ならない　　　　　　　　　2　ほかない

    3　違いない　　　　　　　　　4　わけではない

177 暑くて（　　　　）ので、クーラーをつけて寝てしまった。

    1　ないわけではない　　　　　2　ことはない

    3　たまらない　　　　　　　　4　ほかならない

178 この国は長い間景気の悪い状態が続いていたが、最近徐々に回復し（　　　　）。

    1　ないことはない　　　　　　2　つつある

    3　おそれがある　　　　　　　4　っこない

179 学生時代の友人に会って食事をすると、学生に戻った（　　　　）感じる。

    1　かのように　　　　　　　　2　かと思うと

    3　というより　　　　　　　　4　ことから

180 その日空港で両親と別れた時のさびしさ（　　　　）言葉では表せないほどだった。

    1　というより　　　　　　　　2　としては

    3　といっても　　　　　　　　4　といったら

次の文の（　　　　）に入れるのに最もよいものを、1・2・3・4から一つ選びなさい。

181 彼の今日のテストの答案はまちがい（　　　　）だった。勉強不足だったに違いない。

    1　だらけ　　　　2　気味　　　　3　がち　　　　4　げ

182 （　　　　）いろいろ支払ったので、すっかりお金がなくなってしまいました。

    1　電気料金にしろ税金にしろ

    2　電気料金ばかりか税金ばかりか

    3　電気料金やら税金やら

    4　電気料金など税金など

183 地図を見ながら不安（　　　　）に歩いている人がいたので、声をかけた。

    1　がち　　　　2　気味　　　　3だらけ　　　　4　げ

184 彼女は（　　　　）いい。本当にすてきな人だ。

    1　勉強さえできれば性格さえ

    2　勉強こそできれば性格こそ

    3　勉強もできれば性格も

    4　勉強とかできれば性格とか

185 医者は自分自身の健康への注意を忘れ（　　　　）。

    1　かけだ　　　　2　がちだ　　　　3　っぽい　　　　4　ものだ

186 そのビルは1年で完成するはずだったが、工事は予定（　　　　）には進まなかった。

    1　ばかり　　　　2　以来　　　　3　次第　　　　4　どおり

187 話したいことがたくさんあって、短い時間ではとても話し（　　　　）ません。

1　きれ　　　　　　2　かけ　　　　　　3　たり　　　　　　4　かね

188 道に迷って困っていた（　　　　）、親切な人に助けてもらいました。

1　ところに　　　　2　ばかりに　　　　3　ところを　　　　4　ばかりか

189 強いチームのそろったこの大会を勝ち（　　　　）のは、容易なことではない。

1　きれる　　　　　2　得る　　　　　　3　かける　　　　　4　ぬく

190 この店のラーメンは、店の前に長い行列ができる（　　　　）人気がある。

1　ほど　　　　　　2　だけ　　　　　　3　とおりに　　　　4　せいで

191 最近、仕事が忙しくなる（　　　）で、週末も休めない日が続いている。

1　ほど　　　　　　2　一方　　　　　　3　だけ　　　　　　4　がち

192 住民の反対を無視して高層ビルの建設を進めるあの会社のやり方は、どうしても
認め（　　　　）。

1　気味だ　　　　　2　きれる　　　　　3　がちだ　　　　　4　がたい

次の文の（　　　　）に入れるのに最もよいものを、1・2・3・4から一つ選びなさい。

193 アメリカ（　　　　）、私は、以前行ったニューヨークの街を思い出す。

1　というより　　2　とともに　　3　というと　　4　にくわえて

194 この携帯電話はお年寄り（　　　　）操作しやすく作られている。

1　向けに　　　　2　について　　3　としたら　　4　としても

195 子供にピアノやバイオリンを習わせる時期は早い（　　　）いい。

1　くらい　　　　2　だけ　　　　3　ほど　　　　4　のは

196 成績（　　）奨学金がもらえますから、がんばって勉強してください。

1　はもとより　　　　　　　2　にしたがって
3　次第で　　　　　　　　　4　にこたえて

197 母親一人で３人の子供を育てるのは大変に（　　　　）。

1　すぎない　　　　　　　2　限る
3　ほかならない　　　　　4　違いない

198 今日見たドラマの主人公はどうなるのだろう。続きが（　　　　）。

1　気にせざるを得ない
2　気になってならない
3　気にしていられない
4　気にするわけではない

199 この少年マンガは内容が複雑なので、子供向き（　　　　）大人向きだ。

1　を問わず　　　　　　2　にしては
3　にかかわらず　　　　4　というより

200 この番組で扱ったことは世界で起こっている環境問題のほんの一部（　　　　　）。
同様の問題が世界中で起こっている。

1　にすぎない　　　　　　　2　に違いない

3　にほかならない　　　　　4　のわけだ

201 先生は非常に歴史に詳しい。

まるでその時代にいた（　　　　）説明してくださる。

1　わりに　　　　　　　　　2　かと思うと

3　かのように　　　　　　　4　かわりに

202 3歳の子に漢字を教えるなんて、私は賛成しません。

ひらがな（　　　　　）まだ読めないのですから。

1　からして　　　　　　　　2　からいって

3　からには　　　　　　　　4　からすると

203 彼は、見かけは日本人のように見えるが、話し方（　　　　　）日本人ではないようだ。

1　からには　　　　　　　　2　からすると

3　どころか　　　　　　　　4　にしては

204 見たい野球の試合があると友達に話した（　　　　　）、偶然その試合の招待券を
持っているというので、1枚もらった。

1　かと思ったら　　　　　　2　ものの

3　すえ　　　　　　　　　　4　ところ

次の文の（　　　　）に入れるのに最もよいものを、1・2・3・4から一つ選びなさい。

205 春の京都はすばらしい（　　　　）。ぜひ一度行ってみたいものです。
1　いうことだ　　2　ことか　　　3　とか　　　　4　っぽい

206 自分のミスで客に迷惑をかけたのだから、私が謝りに行く（　　　　）。
1　に限る　　　2　まい　　　3　ほかない　　4　ざるをえない

207 混雑の激しい年末年始にハワイに行くなんて、飛行機代が高い（　　　　）。
1　ほかない　　　　　　　　2　にきまっている
3　おそれがある　　　　　　4　がちだ

208 この布団のやわらかさ（　　　　）、雲の上で寝ているかと思うくらいです。
1　ばかりか　　　　　　　　2　のうえに
3　のわりに　　　　　　　　4　といったら

209 買い物で新宿へ行った（　　　　）、昔アルバイトしていた店をのぞいてみた。
1　かわりに　　　　　　　　2　ついでに
3　ところに　　　　　　　　4　ものだから

210 あれ？レポートの提出日は今日（　　　　）？明日じゃなかった？
1　だっけ　　　　　　　　　2　にちがいない
3　次第だ　　　　　　　　　4　っぽい

211 友だちが飼っている犬を見ていたら、自分も（　　　　）なった。
1　飼いたくてたまらなく　　2　飼いきれなく
3　飼うどころではなく　　　4　飼うわけにもいかなく

212 がんは発見が早ければ早い（　　　　）治る可能性が高くなる。

1　たびに　　　　　2　ばかりか　　　3　ほど　　　　　　4　うえに

213 そんなに（　　　　）、何事も先に進められませんよ。

1　悩むだけ悩んで　　　　　　　2　悩んでばかりいると

3　悩むほかなくて　　　　　　　4　悩むに限って

214 今や、インターネット（　　　　）、世界中の出来事を知ることができる時代になっ

た。

1　にそって　　　　2　に関して　　　をめぐって　　　　4　を通じて

215 早く結婚したいなあ。だれか素敵^{すてき}な人に（　　　　　）。

1　会えっこない　　　　　2　会えたっけ

3　会えるもん　　　　　　4　会えないかなあ

216 不幸を望む人はいない。（　　　　）幸せな人生を送りたいと思っている。

1　だれだって　　　　　　2　だれですら

3　だれでさえ　　　　　　4　だれに限らず

次の文の（　　　）に入れるのに最もよいものを、1・2・3・4から一つ選びなさい。

217 宝くじの 1 等が当たった。当たる（　　　）、思ってもみなかった。

    1　なんか　　　　2　なんと　　　　3　なんて　　　　4　なんでも

218 両親が立派な学者だから、その息子も優秀^{ゆうしゅう}な学生に（　　　）。

    1　相違ない　　　2　限らない　　　3　応じない　　　4　すぎない

219 好きな人からプレゼントをもらって、どんなに（　　　）。

    1　うれしかったにすぎない　　　　2　うれしかったことか

    3　うれしかったものだ　　　　　　4　うれしいことだ

220 今週中に終わらせなければならない仕事なのに、なかなか進まない。
　　今日は残業を（　　　）だろう。

    1　しないことはない　　　　　　2　しようがない

    3　しようではないか　　　　　　4　せざるをえない

221 合格の知らせを受けたときはうれしくて、泣きたい（　　）でした。

    1　わけ　　　　2　くらい　　　　3　かぎり　　　　4　あまり

222 この仕事を全部、私一人でやるなんて、そんなこと（　　　）。

    1　できるものだ　　　　　　2　できかねない

    3　できっこない　　　　　　4　できようがない

223 戦い始めた以上は、最後まで全力を出して戦うのが、真のスポーツ精神（　　　）。

    1　というものだ　　　　　　2　にすぎない

    3　になっている　　　　　　4　でしかない

224 便利な機能を備えたパソコンがいい（　　　　）。機能が多すぎて使いにくい場合もある。

1　ということだ　　　　　　2　というものだ

3　ということにほかならない　4　というものではない

225 「すみませんが、今日の6時の予約を7時に変えていただくことはできませんか。」

「7時ですか。（　　　　）んですが、少々お待ちいただくことになります。」

1　できかねる　　　　　　　2　できないことはない

3　できかねない　　　　　　4　できないものではない

226 彼の不誠実（ふせいじつ）な態度を見て、私は不信感を（　　　　）。

1　抱（いだ）きえた　　　　　　　　2　抱いたに相違ない

3　抱かずにはいられなかった　4　抱かないことはなかった

227 この作曲家の音楽はクラシック愛好家（　　　　）、ジャズやロックが好きな人にもよく聞かれているということだ。

1　に限らず　　　　　　　　2　にもかかわらず

3　にしては　　　　　　　　4　にかけては

218 彼女が国際試合で優勝できたのは、日々（ひび）の努力があったから（　　　　）。

1　にすぎない　　　　　　　2　にほかならない

3　に限る　　　　　　　　　4　しかない

次の文の（　　　　）に入れるのに最もよいものを、1・2・3・4から一つ選びなさい。

229 今日は久しぶりにレストランで二人で食事をしようよ。結婚記念日（　　　　）。

1　だものだから　　　　　　　　2　に決まっている

3　だもの　　　　　　　　　　　4　にほかならない

230 彼女の話し方は、落ち着いてはいるが、何か冷たさを（　　　　）。

1　感じさせないことはない

2　感じさせようがない

3　感じさせざるを得ない

4　感じさせるものがある

231 お金（　　　　）何でも手に入るという考えは間違っている。お金では買えない
ものもあるからだ。

1　こそあれば　　　　　　　　　2　だけあると

3　ほどあると　　　　　　　　　4　さえあれば

232 小学校のクラスメートに外国で偶然（　　　　）、信じられない思いだった。

1　会うことなしでは　　　　　　2　会うなんて

3　会うものの　　　　　　　　　4　会うわりには

233 駅の中の案内は、外国人にもわかる（　　　　）、4か国語で書いてある。

1　ために　　　　2　らしく　　　　3　ように　　　　4　とおりに

234 今日は車で来ているので、お酒を（　　　　　）。

1 飲まないわけにはいきません

2 飲むわけにはいきません

3 飲まないわけがありません

4 飲むほかありません

25 たとえ 100 万円払うと（　　　　　）、あんな仕事はしたくない。

1 言われたら　　　　　　　2 言われれば

3 言われたが　　　　　　　4 言われても

236 毎日、会社で夜遅くまで仕事があるので、ストレスがたまる（　　　　　）。

1 きりだ　　　　2 気味だ　　　3 一方だ　　　4 次第だ

237 何か言い（　　　　　）やめるという彼女のくせは、よくないと思う。

1 ぬいて　　　　2 かけて　　　3 気味で　　　4 えて

238 大型スーパーの建設計画が急に中止になった。（　　　　　）、地元の商店街の激し
い反対運動があったからだ。

1 といっても　　2 というのは　　3 つまり　　　4 ゆえに

239 「安くて料理がおいしい店を知っている」と言った（　　　　　）、今度のクラス会
の準備は、私がすることになってしまった。

1 だけあって　　2 ばかりか　　　3 ばかりに　　　4 だけに

240 昨日は電車に乗り遅れた（　　　　　）財布もなくして最悪の一日だった。

1 うえで　　　　2 うえに　　　3 うえの　　　4 うえは

次の文の（　　　　）に入れるのに最もよいものを、1・2・3・4から一つ選びなさい。

241　新聞によると、景気が悪いにもかかわらず、テレビなどの電気製品の売り上げは
伸びている（　　　　）。
1　ことになっている　　　　　　2　ということだ
3　というものだ　　　　　　　　4　というものではない

242　留学生のＴさんは、国から親戚が来たから（　　　　）学校をよく休む。
これでは何のために留学したのかわからない。
1　といいながら　　　　　　　　2　といえば
3　といっては　　　　　　　　　4　といわずに

243　遅刻して申し訳ございません。事故で電車が遅れた（　　　　）ですから。
1　ところ　　　　2　こと　　　　3　もの　　　　4　はず

244　君が考え（　　　　）上で出した結論なら、私は反対しませんよ。
1　えた　　　　2　かけた　　　　3　ぬいた　　　　4　かねた

245　最近ちょっと疲れ（　　　　）なので、休みを取ることにした。
1　がち　　　　2　っぽい　　　　3　かけ　　　　4　気味

246　この町では、プラスチック製の容器は、ほかのゴミと別にする（　　　　）。
1　ものになっている　　　　　　2　ことになっている
3　というものでもない　　　　　4　というべきである

247　お忙しい（　　　　）申し訳ありません。ちょっとお聞きしたいことがありまし
て…。
1　うえに　　　　2　ところを　　　3　際に　　　　4　うちに

248 母はいつも愛情を（　　　　）家族のために料理を作ってくれた。

1　加えて　　　　2　めぐって　　　3　こめて　　　　4　かけて

249 M社製の自動車に欠陥が見つかり、それが事故につながる（　　　　）として問題になっている。

1　しかない　　　　　　　　2　にきまっている

3　ことになっている　　　　4　おそれがある

250 公園のゴミを拾うボランティアに参加したこと（　　　　）、街の美化活動に関心を持つようになった。

1　がきっかけに　　　　　　2　をきっかけに

3　がきっかけとして　　　　4　にきっかけとして

51 事務所移転のごあいさつ（　　　　）、ちょっとお伺いしたいと思っておりますが、ご都合はいかがでしょうか。

1　のついでに　　　　　　　2　にあたって

3　をかねて　　　　　　　　4　にしたがって

252 労働条件の改善について会社側が出した提案は社員にとって受け入れ（　　　　）ものだった。

1　まい　　　　　2　がたい　　　　3　がちな　　　4　っぽい

次の文の（　　　　）に入れるのに最もよいものを、1・2・3・4から一つ選びなさい。

253　新作映画の公開に（　　　　）、映画館で主演女優があいさつを行った。
　　　1　つき　　　　　2　とり　　　　　3　あたり　　　　4　ともない

254　患者の入院に（　　　　）、医師が家族に説明をした。
　　　1　わたって　　　2　かけて　　　　3　際して　　　　4　こたえて

255　隣の部屋の佐藤さんは一人暮らしの私を心配してよく訪ねてきてくれるが、
　　　私（　　　　）かえって迷惑なことだ。
　　　1　にしたら　　　2　については　　　3　として　　　　4　に対して

256　試験中に（　　　　）、静かに通行してください。
　　　1　しても　　　　2　つき　　　　　3　つけ　　　　　4　つけても

257　医者になってほしいという両親の希望に（　　　　）、息子は音楽の道に進んだ。
　　　1　関して　　　　2　わたって　　　　3　そって　　　　4　反して

258　高校を卒業したら、スーパーを経営する叔父の（　　　　）働くつもりだ。
　　　1　もとで　　　　2　ことで　　　　3　おかげか　　　4　ところに

259　ブランコの事故による幼児の死を（　　　　）、全国の公園で設備の安全確認が行
　　　われた。
　　　1　もとに　　　　2　はじめ　　　　3　めぐって　　　4　契機に

260 学生達は教師の話が（　　　　　）、帰る支度を始めた。

1　終わるかと思ったら

2　終わるか終わらないかのうちに

3　終わるにもかかわらず

4　終わるにしたがって

261 結婚式のスピーチを引き受けた（　　　　　）、みんなの心に残るような話をしたい。

1　にしては　　　2　ものの　　　3　以上は　　　4　あげく

262 このカードでお支払いの（　　　　　）、サインが必要です。

1　うえは　　　　2　かぎり　　　3　際して　　　4　際は

263 今日こそダイエットを始めようと（　　　　　）、結局実行を先に延ばしてしまう。

1　思いかねて　　　　　　2　思いつつ

3　思うにせよ　　　　　　4　思うことなく

264 インターネットショッピングでは、先に料金を（　　　　　）商品が届かない場合
もある。

1　払ってからでないと　　　2　払ったところで

3　払ったからには　　　　　4　払うどころか

次の文の（　　　　　）に入れるのに最もよいものを、1・2・3・4から一つ選びなさい。

265　今回のテストでは満点を取る自信があったのに、結果は満点（　　　　　）、平均点
よりも悪かった。
　　　1　ところで　　　　2　としたら　　　3　どころか　　　4　といっても

266　その国でオリンピックを行う（　　　　　）、どの都市が適当だろうか。
　　　1　にしろ　　　　　2　としたら　　　3　ものなら　　　4　のみならず

267　合格（　　　　）不合格（　　　　　）、お世話になった先生にきちんと結果を報告
するのが礼儀だ。
　　　1　にしろ／にしろ　　　　　　　2　につけ／につけ
　　　3　やら／やら　　　　　　　　　4　とか／とか

268　来月の同窓会のことですが、先生のご都合がつかないようなので、
　　　先生（　　　　　）学生だけの会にしましょうか。
　　　1　ぬきで　　　　　2　にとって　　　3　につき　　　　4　のみならず

269　練習があまりに厳しいので、走るのをやめようかとも思ったが、あきらめずに続
けた（　　　　）、全国大会に出場できるほどタイムが良くなった。
　　　1　通りに　　　　　　　　　　2　にしては
　　　3　にもかかわらず　　　　　　4　かいがあって

270　自分が好きなスターのサインは、大金を（　　　　　）手に入れたいと思う人がい
るらしい。
　　　1　払いながらも　　　　　　　2　払ってでも
　　　3　払うといっても　　　　　　4　払うばかりか

271 オリンピックで取ったメダルの数は、Ａ国が２０個なのに（　　　　　）、Ｂ国はたった２個だった。

   1　際して　　　　　2　対して　　　　　3　あたって　　　　4　応じて

272 クラスの代表（　　　　　）、Ｓ君が校内スポーツ大会の実行委員になった。

   1　について　　　　2　にして　　　　　3　からして　　　　4　として

273 国の経済状態が悪化する（　　　　　）、失業率があがってきた。

   1　に伴う　　　　　2　をもとに　　　　3　とともに　　　　4　ばかりか

274 お客様のご予算に（　　　　　）家具をお作りします。ぜひご相談ください。

   1　応じて　　　　　2　比べて　　　　　3　とって　　　　　4　おいて

275 本日は、海外出張中の社長に（　　　　　）、私、田中がご挨拶申し上げます。

   1　よって　　　　　2　かわり　　　　　3　ついて　　　　　4　応じて

276 日本人の生活は、私の国の人々に（　　　　　）、ずっと忙しそうに見える。

   1　かわり　　　　　2　よって　　　　　3　比べて　　　　　4　応じて

次の文の（　　　　）に入れるのに最もよいものを、1・2・3・4から一つ選びなさい。

277 山の頂上に近づくに（　　　　）、そこからどんな景色が見られるのかという期待
感も大きくなっていった。
1　したがって　　2　沿って　　　3　際して　　　4　よって

278 父親の私（　　　　）、息子の考え方はまだ幼い。
1　かと思うと　　2　からして　　3　から見ると　　4　からには

279 入社試験の面接では自分の考えがうまく話せなかった。もっと（　　　　）。
1　練習せざるをえなかった　　　　2　練習しかねない
3　練習しておけばよかった　　　　4　練習しないことはない

280 社内で長い間議論した（　　　　）、新製品の発売は中止になった。
1　反面　　　　2　末に　　　　3　からには　　4　あまり

281 このゼミでは温暖化の問題を（　　　　）様々な環境問題について研究する。
1　問わず　　　2　中心にして　　3　めぐって　　4　こめて

282 今朝の新聞に（　　　　）、今回の地震の被害者は1万人を超えるということだ。
1　したら　　　2　よって　　　3　しては　　　4　よると

283 その教会の庭には四季を（　　　　）いろいろな種類の花が咲いている。
1　こめて　　　2　限らず　　　3　はじめ　　　4　問わず

284 そんなに迷っていないで、A大学を（　　　　）。大丈夫、君ならきっと合格でき
るよ。
1　受けようではないか　　　　2　受けっこないだろう
3　受けたらいいじゃないか　　4　受けることにしている

285 コンピューターに（　　　　）彼の知識は驚くほど豊富だ。

1　先立つ　　　　2　つれての　　　3　伴う　　　　4　関する

286 会議の（　　　　）非常ベルが鳴って驚かされた。

1　最中に　　　　2　中に　　　　　3　ところに　　　4　うちに

287 電気をつけた（　　　　）、バチッと音がして電気が消えた。

1　うちに　　　　2　うえに　　　3　次第（しだい）　　　4　とたん

288 わからないことについて先生に質問したら、かえって（　　　　）。

1　よく分かった　　　　　　　2　教えてもらった

3　混乱してしまった　　　　　4　難しくなかった

문장의 문법 1

次の文の（　　　　）に入れるのに最もよいものを、1・2・3・4から一つ選びなさい。

289　これぐらいの練習で十分だと思うようでは、（　　　　）。

1　優勝できる　　　　　　　　　2　優勝できない

3　優勝できるかもしれない　　　4　優勝するだろう

290　この会をおやめになるそうですが、もしお差し支えなければ、理由を（　　　　）。

1　お聞かせ願えませんでしょうか

2　お聞かせになってください

3　お聞かせいたしましょうか

4　お聞かせ願いましょうか

291　それでは、ゲームを始めます。私が言った（　　　　）体を動かしてください。

1　ところに　　　2　ばかりに　　　3　ついでに　　　4　とおりに

292　その子は、にこにこ笑っていた（　　　　）、急に泣き出した。

1　かぎりでは　　　　　　　　　2　からいえば

3　かと思ったら　　　　　　　　4　から見ても

293　新しい仕事はスケジュールに（　　　　）順調に進められています。

1　沿って　　　　2　つれて　　　3　ともなって　　4　わたって

294　今年（　　　　）がんばって英語を勉強しようと思っている。

1　こそ　　　　　2　さえ　　　　3　など　　　　　4　には

295 薬屋でこの薬が買えるようになったので、わざわざ病院へ（　　　　）

すむようになった。

　　1　行かなければ　　　　　　　2　行くことで

　　3　行っても　　　　　　　　　4　行かなくても

296 この国では、工業が発達し、経済が成長する（　　　　）、公害問題が深刻になり

つつある。

　　1　一方で　　　　2　に沿って　　　3　おかげで　　　4　にもとづいて

297 カタログを見て気に入ったが、買うかどうかは、実際に商品を見た（　　　　）

決めようと思う。

　　1　以上　　　　2　上で　　　　3　末に　　　　4　かぎりでは

298 裁判官（さいばんかん）という立場（　　　　）、事件についてお話しすることはできません。

　　1　次第（しだい）で　　　　　　　　　2　の上は

　　3　からといって　　　　　　　4　上（じょう）

299 この小説は、作家自身が世界中を旅した経験に（　　　　）書かれた。

　　1　通じて　　　　2　わたって　　　3　基（もと）づいて　　　4　加えて

300 となりの住民は近所の迷惑（めいわく）も（　　　　）、夜中まで大きい音で音楽を聞いている。

　　1　かまわず　　　2　こめて　　　3　反して　　　4　問わず

문장의 문법 2

〈문장의 문법2〉에는 한 회 5문제 씩, 전부 15회(75문제)의 문제가 있습니다. 실제 일본어능력시험에도 〈문장의 문법2〉은 5문제가 있으므로, 여기서는 15회분의 문제가 들어있는 것입니다.

한 회의 5문제 중, 3~4문제의 정답을 맞출 수 있으면 거의 합격입니다. 처음에는 성적이 좋지 않아도, 문제 푸는 회를 진행에 가면서 점점 정답을 맞추는 것을 늘려가며, 마지막에 합격라인에 다다를 수 있도록 노력합시다.

다음 페이지에 문제를 푸는 법 예가 있습니다. 하지만〈문장의 문법2〉문제의 풀이법의 포인트는 1개만이 아니라, 포인트가 2개 이상 있는 문제도 있습니다. 즉, 정답으로 가는 길은 하나가 아닐지도 모릅니다. 물론 어떤 길을 통해 가더라도, 정답은 같은 1개 입니다. 하나의 길을 알았다면 두 번째 길도 찾아보면 재미있을 것입니다. 갖고 있는 문법 실력을 백 퍼센트 발휘해 봅시다.

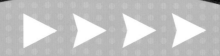

次の文の ___★___ に入る最もよいものを、1・2・3・4から一つ選びなさい。

この歌を_____ _____ ___★___ _____思い出す。

1　恋人を　　　　2　たびに　　　　3　学生時代の　　4　聞く

> 풀이법

① 「たびに」앞에 동사사전형이 온다 ⇒ 「聞くたびに」

② 「聞く」앞에는 「歌を」가 어울린다 ⇒ 「この歌を聞くたびに」

　　この歌を　　聞く　　　　たびに　　、　　★　　　　_____　　思い出す。

③ 「思い出す」앞에 「～を」가 온다 ⇒ 「恋人を思い出す」

　　この歌を　　聞く　　　　たびに　　、　　★　　　　恋人を　　思い出す。

④ 세 번째 공란(★)에 「学生時代の」가 온다. 맞는 문장이 된다.

　　この歌を　　4 聞く　　　2 たびに　　、　 3　学生時代の　　1 恋人を　　思い出す。

⑤　　★　　에 들어갈 번호 「3」을 고른다

문장의 문법 2

次の文の ＿＿＿★＿＿＿ に入る最もよいものを、1・2・3・4から一つ選びなさい。

1 応援してくださった ＿＿＿＿＿ ＿＿★＿＿ ＿＿＿＿＿ ＿＿＿＿＿
うれしいです。

　　1　こたえる　　　2　みなさんの　　3　ことができて　4　期待に

2 この線の電車は、＿＿＿＿＿ ＿＿＿＿＿ ＿＿★＿＿ ＿＿＿＿＿ 満員で座
ることができない。

　　1　昼間も　　　　2　もちろん　　　3　朝夕は　　　　4　通勤時間の

3 自分の希望に合わない仕事を与えられたが、＿＿＿＿＿ ＿＿＿＿＿
＿＿★＿＿ ＿＿＿＿＿ ほかない。

　　1　がんばるより　2　ことを　　　　3　家族の　　　　4　考えれば

4 彼は、会社の ＿＿＿＿＿ ＿＿＿＿＿ ＿＿★＿＿ ＿＿＿＿＿、体の調子
が悪いことを言わなかった。

　　1　心配を　　　　2　と思って　　　3　かけまい　　　4　同僚に

5 彼らは二人の意志だけで結婚するつもりのようだが、親の ＿＿＿＿＿
＿＿★＿＿ ＿＿＿＿＿ ＿＿＿＿＿ 難しいだろう。

　　1　ぬきで　　　　2　結婚する　　　3　のは　　　　　4　同意

次の文の ___★___ に入る最もよいものを、1・2・3・4から一つ選びなさい。

6 　私たちの会社は _____ _____ ___★___ _____ 、やる気
のある人を求めています。

　　1　を　　　　　　2　経験の　　　3　問わず　　　4　有無_{うむ}

7 　この道は、一年 _____ _____ ___★___ _____
「フラワー通り」と呼ばれている。

　　1　ことから　　　2　美しい花々が 3　を通して　　　4　咲いている

8 　^{こうさいはんい}交際範囲が広い中村君は、_____ _____ ___★___ _____
だれよりも優れている。

　　1　情報を　　　　2　ことに　　　3　集める　　　4　かけては

9 　私たちがこうして無事に暮していけるのは、みなさんが_____
___★___ _____ _____ なりません。

　　1　くださる　　　2　支えて　　　3　ほか　　　4　からに

10 　あなたに _____ _____ ___★___ _____ と思う。

　　1　謝る　　　　　2　責任はない　　3　ことはない　　4　のだから

문장의 문법 2

次の文の ____★____ に入る最もよいものを、1・2・3・4から一つ選びなさい。

11 私の一番の楽しみは _____ ___★___ _____ _____
ことだ。

1 ワインを　　　2 聞く　　　　3 飲みつつ　　4 クラシック音楽を

12 このパソコンは、_____ ___★___ _____ _____ になって
いる。

1 操作が　　　　2 これまでのパソコン　3 簡単　　4 に比べて

13 インターネットで買い物をする人が多いが、私は商品を _____
___★___ _____ _____ 買うことができない。

1 ことには　　　2 直接　　　　3 安心して　　4 見ない

14 新しいパソコンを _____ _____ ___★___ _____ こと
ができない。

1 うまく使う　　2 ものの　　　3 買った　　　4 機能が多すぎて

15 たった1日で1000字もの漢字を _____ _____ ___★___
_____ でしょう。

1 なんて　　　　2 覚える　　　3 できる　　　4 わけがない

문장의 문법 2

次の文の ____★____ に入る最もよいものを、1・2・3・4から一つ選びなさい。

16 その歌手は、来月 _____ ____★____ _____ _____ サイン会を行った。

　　1　先立って　　　2　発売する　　　3　CDを　　　　4　のに

17 本日は、「_____ _____ ____★____ _____ 」について山田教授にお話しいただきます。

　　1　における　　　2　の役割　　　3　日本　　　　4　アジア

18 薬を飲んだら、気分が _____ _____ _____ ____★____ 悪くなった。

　　1　なる　　　　　2　どころか　　3　かえって　　4　よく

19 私の祖父はよく _____ _____ ____★____ _____ 体がやわらかい。

　　1　からか　　　　2　年齢の　　　3　体操_{たいそう}をしている 4　わりには

20 留学生には、_____ ____★____ _____ _____ 親しんでほしいものだ。

　　1　交流を　　　　2　通じて　　　3　日本文化に　　4　日本人との

次の文の _____ ★ _____ に入る最もよいものを、1・2・3・4から一つ選びなさい。

21　雨の日は _____ _____ ★ _____ _____ _____ から、早く家
を出たほうがいいでしょう。

　　1　あります　　　2　道路が　　　3　おそれが　　　4　渋滞（じゅうたい）する

22　兄と弟は、亡くなった _____ _____ _____ ★ _____ _____
続けている。

　　1　父親の　　　　2　争いを　　　3　めぐって　　　4　財産を

23　彼女にあんなにひどいことをしてしまっては、_____ _____
_____ ★ _____ _____ 。

　　1　謝りようが　　2　どんなに　　3　ない　　　　4　謝りたくても

24　英語が上手になるように _____ _____ _____ ★ _____ _____
が、なかなか目標のレベルまで達しない。

　　1　努力をしている　　　　　　2　できる
　　3　かぎりの　　　　　　　　　4　つもりだ

25　年々悪化していた都市の治安（ちあん）が、_____ _____ _____ ★ _____
_____ _____ ということだ。

　　1　改善しつつ　　　　　　　　2　警備の強化に
　　3　ある　　　　　　　　　　　4　よって

次の文の ___★___ に入る最もよいものを、1・2・3・4から一つ選びなさい。

26 この地方の冬は _____ _____ ___★___ _____ 、寒さが
きびしい。

1 風も 　　　　 2 気温も 　　　 3 強いので 　　 4 低ければ

27 3人の子の母親として毎日忙しいが、最近は _____ ___★___
_____ _____ くれるようになった。

1 手伝って 　　　　　　　 2 子どもたちが

3 ことに 　　　　　　　　 4 ありがたい

28 辛い _____ _____ ___★___ _____ というものだ。

1 のが 　　　　 2 ときに 　　 3 助け合える 　 4 真の友だち

29 時代の流れ _____ _____ ___★___ _____ 当然のこ
とだ。

1 変化する 　　　　　　　 2 人の考え方が

3 とともに 　　　　　　　 4 のは

30 就職について、私は、自分の能力を _____ _____ ___★___
_____ かまわないと考えている。

1 どんな会社 　　 2 なら 　　　　 3 だって 　　 4 発揮できる

문장의 문법 2

날짜	/	/	/
득점	/5	/5	/5

次の文の ____ ★ ____ に入る最もよいものを、1・2・3・4から一つ選びなさい。

31 私が _____ _____ ___★___ _____ 、本当に申し訳あり
ません。

   1　予定どおりに　　　　　　2　せいで

   3　遅刻した　　　　　　　　4　出発できなくなり

32 買い物に _____ _____ ___★___ _____ 雨が降ってき
た。

   1　出た　　　　2　行こうと　　　3　とたんに　　　4　家を

33 彼女の演奏の _____ _____ ___★___ _____ ほどです。

   1　といったら　　　　　　　2　言い表せない

   3　すばらしさ　　　　　　　4　言葉では

34 難しくありません。これ _____ ___★___ _____ _____ 解
けます。

   1　問題　　　　2　私にも　　　3　くらいの　　　4　なら

35 環境悪化が急速に進む今、我々は力を _____ ___★___ _____
_____ か。

   1　ではありません　　　　　2　この地球を

   3　合わせて　　　　　　　　4　救おう

문장의 문법 2

次の文の ＿＿＿★＿＿＿ に入る最もよいものを、1・2・3・4から一つ選びなさい。

36 我が社は ＿＿＿＿＿ ＿＿＿＿＿ ＿＿★＿＿ ＿＿＿＿＿ 相手に貿易を
行っています。

1 国々を 　　　2 はじめ 　　　3 世界の 　　　4 アジア諸国を

37 この企業は決して ＿＿＿＿＿ ＿＿★＿＿ ＿＿＿＿＿ ＿＿＿＿＿ アメ
リカでも知られている。

1 日本 　　　　2 大企業とは 　　3 のみならず 　　4 言えないが

38 親友と 別れる ＿＿＿＿＿ ＿＿＿＿＿ ＿＿★＿＿ ＿＿＿＿＿ あなた
にも想像できるでしょう。

1 辛い 　　　　2 どんなに 　　3 ことが 　　　4 ことか

39 先日のパーティーでは、おいしい料理をごちそうして ＿＿＿＿＿ ＿＿＿＿
＿＿★＿＿ ＿＿＿＿＿ ありがとうございました。

1 うえに 　　　　　　　　2 家まで送って
3 いただいて 　　　　　　4 いただいた

40 政治家は消費税を 8％に上げるか 10％に上げるかで議論しているが、＿＿＿＿＿
＿＿＿＿＿ ＿＿★＿＿ ＿＿＿＿＿ ことに変わりはないだろう。

1 国民の生活が 　2 にせよ 　　　3 苦しくなる 　　4 どちら

次の文の ___★___ に入る最もよいものを、1・2・3・4から一つ選びなさい。

41 出発してから _____ _____ ___★___ _____ 娘は留学

先から帰ってきた。

1 も 　　　　　 2 たたない 　　 3 1か月 　　　 4 うちに

42 健康のためには _____ _____ ___★___ _____ 、無理を

するのはよくない。

1 大切で 　　　 2 応じた 　　　 3 運動が 　　　 4 体力に

43 さっき入った喫茶店に、_____ _____ ___★___ _____ し

まいました。

1 本を 　　　　 2 置いて 　　　 3 読みかけの 　 4 きて

44 わが社の商品は _____ ___★___ _____ _____ 開発さ

れている。

1 アンケート調査に 　　　　　 2 での
3 市場（しじょう） 　　　　　　 4 基（もと）づいて

45 この会社では _____ _____ ___★___ _____ ので、残（ざん）

業（ぎょう）をする場合は必ず報告をしてください。

1 残業してはいけない 　　　　 2 許可を

3 得ないで 　　　　　　　　　 4 ことになっている

次の文の ___ ★ ___ に入る最もよいものを、1・2・3・4から一つ選びなさい。

46 その問題は会議で ___ ___ ___★___ ___ 出なかった。

1 議論した　　　2 あげく　　　3 何時間も　　　4 結論は

47 私が ___ ___ ___★___ ___ チームのみんなに迷惑がかかってしまった。

1 出られなかった　　　　　2 ばかりに

3 試合に　　　　　　　　　4 けがをして

48 この靴は、___ ___ ___★___ ___ 丈夫ではきやすい。

1 買った　　　2 値下げ品　　　3 にしては　　　4 バーゲンで

49 天気予報では午後から ___ ___ ___★___ ___ 今もまだ雨が降り続いている。

1 反して　　　2 晴れる　　　3 予報に　　　4 と言っていたが

50 電車内で人目も ___ ___★___ ___ ___ 批判する投書が新聞に載った。

1 化粧をする　　　2 女性の　　　3 かまわず　　　4 行動を

문장의 문법 2

次の文の ___★___ に入る最もよいものを、1・2・3・4から一つ選びなさい。

51 宝くじが _____ _____ ___★___ _____ なので、たいしたものは買えない。

1 5,000円 　　 2 といっても 　　 3 当たった 　　 4 たった

52 疲れているときは _____ ___★___ _____ _____ 限る。

1 に 　　　　 2 寝る 　　　 3 考えずに 　　 4 何も

53 カレンダーに _____ _____ ___★___ _____、妻の誕生日を忘れてしまった。

1 書いて 　　　　　　　　　 2 にもかかわらず

3 ちゃんと 　　　　　　　　 4 おいた

54 日本を _____ _____ ___★___ _____ ないだろうか。

1 代表する 　　 2 というと 　　 3 鉄道 　　 4 新幹線(しんかんせん)では

55 この町にある建物が _____ ___★___ _____ _____、町全体を観光地にしようという動きがある。

1 のを 　　　　 2 登録(とうろく)された 　　 3 契機(けいき)に 　　 4 世界遺産(いさん)に

次の文の ___★___ に入る最もよいものを、1・2・3・4から一つ選びなさい。

56 30ページの宿題だから、一日3ページずつ _____ _____

_____★_____ _____ です。

1 やれば 　　 2 終わる 　　 3 わけ 　　 4 10日で

57 手術の直後はまったく動けなかったが、_____ ___★___ _____

_____ 回復してきた。

1 体力が 　　 2 たつに 　　 3 時間が 　　 4 したがって

58 その映画は日本でも _____ _____ ___★___ _____。そ

のときはぜひ映画館で見たいものです。

1 ことに 　　 2 上映される 　　 3 なっている 　　 4 とか

59 景気が悪くて就職が難しいといっても、いつまでも _____ ___★___

_____ _____ ので、友人の店でアルバイトを始めた。

1 わけには 　　 2 働かずに 　　 3 いかない 　　 4 遊んでいる

60 火事が起きたときは、_____ _____ ___★___ _____ 頭が

いっぱいだった。でも、みんな無事でよかった。

1 人を助ける 　　　　　　 2 自分が逃げる

3 どころではなく 　　　　 4 ことで

문장의 문법 2

날짜	/	/	/
득점	/5	/5	/5

次の文の ___★___ に入る最もよいものを、1・2・3・4から一つ選びなさい。

61 出張で大阪支社に _____ _____ ___★___ _____ 学生
時代の友達に会うつもりだ。

1　住んでいる　　2　行く　　　　3　京都に　　　4　ついでに

62 最近は _____ _____ ___★___ _____ 食事のカロリー
を気にするようになっている。

1　子ども　　　2　大人　　　　3　までも　　　4　ばかりでなく

63 ずっと連絡を待っていたのだろう。
彼女は、呼び出し音が _____ _____ ___★___ _____
電話に出た。

1　かの　　　　2　鳴るか　　　3　うちに　　　4　鳴らない

64 以前はお金や地位を求めていたが、最近は _____ _____
___★___ _____ と思うようになった。

1　幸せだ　　　2　愛する家族　3　いれば　　　4　さえ

65 結婚式のケーキは _____ _____ ___★___ _____ ほう
がいい。

1　ともかく　　2　味は　　　　3　豪華<ruby>豪華<rt>ごうか</rt></ruby>な　　　4　見た目は

次の文の ___★___ に入る最もよいものを、1・2・3・4から一つ選びなさい。

66 大学に _____ _____ ___★___ _____ すでに過ぎていた。

1 送った   2 受験書類を   3 締め切り日が 4 ところ

67 母親は、_____ ___★___ _____ _____ 病気になってしまった。

1 息子のことを   2 就職できない

3 あまり   4 心配する

68 この _____ _____ ___★___ _____ までお願いいたします。

1 お問い合わせは   2 商品に

3 販売店   4 関する

69 インターネット・ショッピングの最も良い点は、店に _____
___★___ _____ _____ ことだ。

1 手に入れられる   2 ことなく

3 足を運ぶ   4 品物が

70 いつもお世話になっている人ですから、その人に _____ ___★___
_____ _____ んですが。

1 言われれば   2 どうしてもと

3 こともない   4 やらない

날짜	/	/	/
득점	/5	/5	/5

次の文の ＿＿＿★＿＿＿ に入る最もよいものを、1・2・3・4から一つ選びなさい。

71 荷物の配達料金は ＿＿＿＿＿ ＿＿★＿＿ ＿＿＿＿＿ ＿＿＿＿＿ 異なります。

1 重さや　　　　2 荷物の　　　　3 よって　　　　4 大きさに

72 この病気は、＿＿＿＿＿ ＿＿＿＿＿ ＿＿★＿＿ ＿＿＿＿＿ 可能性が高くなる。

1 早ければ　　　2 治る　　　　3 早いほど　　4 発見が

74 私を応援 して くれた ＿＿＿＿＿ ＿＿＿＿＿ ＿＿★＿＿ ＿＿＿＿＿ わけにはいかない。

1 負ける　　　　2 人達の　　　　3 この試合に　　4 ためにも

74 歌手に ＿＿＿＿＿ ＿＿＿＿＿ ＿＿★＿＿ ＿＿＿＿＿ が、子供には安定した職業についてもらいたいと思っています。

1 という気持ちが　　　　　　2 わけではない
3 なりたい　　　　　　　　4 理解できない

75 田中さんの奥さんにはじめて会った。

以前から ＿＿＿＿＿ ＿＿＿＿＿ ＿＿★＿＿ ＿＿＿＿＿ 上手な方だった。

1 美人で　　　　2 とおりに　　　3 料理が　　　　4 聞いていた

글의 문법

〈글의 문법〉에는 한 회 1문제 씩, 전부 10회(70문제)의 문제가 있습니다. 실제 일본어능력시험에도 〈글의 문법〉은 1문제가 있으므로, 여기서는 10회분의 문제가 들어있는 것입니다. 한 문제에는 작은 문제가 5문제가 들어 있습니다. 이 5문제 중, 3~4문제의 정답을 맞출 수 있으면 거의 합격입니다. 처음에는 성적이 좋지 않아도, 문제 푸는 회를 진행에 가면서 점점 정답을 맞추는 것을 늘려가며, 마지막에 합격라인에 다다를 수 있도록 노력합시다.

▶ ▶ ▶ ▶ ▶

次の文章を読んで、 1 から 5 の中に入る最もよいものを、1・2・3・4から一つ選びなさい。

　東京のあるケーキ屋で、多くの客から「小麦アレルギーのある子どもに小麦粉を使わないケーキを 1 」という声があった。これを聞いた店主は、小麦粉を使わずにいったい何が作れるかと 2 、大切なお客さまだから何とかしたいと思い、新しい材料をいろいろ考えてみた。そして、米の粉を 3 使ってみたが、なかなかふくらまなかった。 4 ケーキとはいえない。だが何度も試した結果、ついに米の粉でもふんわりふくらんだケーキを作ることに成功した。米を主食とする日本人 5 考えついたアイデアであろう。

[1]

1　食べたい	2　食べられたい
3　食べさせたい	4　食べさせられたい

[2]

1　思いつつも	2　思ったあまり
3　思ったからには	4　思うにつれて

[3]

1　小麦粉と一緒に	2　小麦粉に加えて
3　小麦粉の代わりに	4　小麦粉の材料として

[4]

1　ふくらんだとしたら	2　ふくらまないことには
3　ふくらまずに	4　ふくらまないといっても

[5]

1　だからこそ	2　でなければ
3　だからといって	4　である以上

글의 문법

次の文章を読んで、 $\boxed{1}$ から $\boxed{5}$ の中に入る最もよいものを、1・2・3・4から一つ選びなさい。

　　近年、登山がブームになっている。しかし、登山の人気が高まる $\boxed{1}$ 、山で起こる事故も増えている。交通の便がよく、あまり高くない山は日帰り登山ができるので人気があり、軽い気持ちで普段着（ふだんぎ）のまま登ったり、 $\boxed{2}$ 出かけたりする人が少なくない。しかし、山の中では予想以上に体力が奪（うば）われることを一体どれだけの人が知っているだろうか。体力が奪われると、それが脳へも影響（えいきょう）して判断力が $\boxed{3}$ 。どんな山に登るにしても、事前（じぜん）の準備や計画を怠（おこた）ると、けがをするおそれはもちろんのこと、 $\boxed{4}$ になるおそれもある。登山をする際は、準備を怠らずに、 $\boxed{5}$ 安全を第一に考えてほしいものだ。

次の文章を読んで、 1 から 5 の中に入る最もよいものを、１・２・３・４から一つ
選びなさい。

みなさんは『サプリめし』という言葉を聞いたことがあるだろうか。「サプリ」とい

うのは私達に不足 1 ビタミンやミネラルなどの栄養をとる助けをしてくれる食品を

いう。今の時代、食事で 2 栄養を、サプリで補っている人は少なくない。その「サ

プリ」を、足りないものを補う食品としてではなく 3 、それが『サプリめし』である。

現在、スーパーやコンビニでは、様々な『サプリめし』が売られている。例えばドリンク、

ゼリー、クッキーなど、忙しくてゆっくり食事をする時間のない人でも簡単に食べられ

るものばかりである。また、両手を使わずに食べられるのも人気がある理由のひとつだ

そうだ。パソコンや携帯電話を 4 でも、簡単に、必要なカロリーや栄養をとること

ができるからだろう。時間に追われる現代人の「食」が今、 5 。

1

1 げの　　　　　　　　　2 しがたい

3 かねない　　　　　　4 しがちな

2

1 とりかねない　　　　2 とりきれない

3 とりかねる　　　　　4 とりつつある

3

1「食事」に加えて食べる

2「食事」を中心として食べる

3「食事」として食べる

4「食事」のうえに食べる

4

1 使う　　　　　　　　2 使うところ

3 使いながら　　　　　4 使った後

5

1 変わりつつある

2 変わらずにはいられない

3 変わらないに違いない

4 変わることになっている

次の文章を読んで、 1 から 5 の中に入る最もよいものを、１・２・３・４から一つ
選びなさい。

　　最近の若者の行動について気がついたことがある。たとえば、エレベーターに友達と

二人で乗っている 1 。二人だけで乗っているときはいつもと変わらない調子で話し

ていても、途中の階で知らない人が乗って来たときは、会話をやめたり、 2 のが普通

だろうと思う。 3 最近の１０代の若者の中にはこのような場合に、少しも変わらず

に話し続ける者が増えている 4 。これは、まさに公的な場所と私的な場所を分ける

感覚が変化してきているからに 5 。

1

1 としよう　　　　　　　2 というものだ

3 ということだ　　　　　4 といえよう

2

1 声を大きくしたりする　　2 声を小さくしたりする

3 声を出したりする　　　　4 声をかけたりする

3

1 ところが　　　　　　　2 ところで

3 したがって　　　　　　4 なぜなら

4

1 ようだ　　　　　　　　2 ものだ

3 わけだ　　　　　　　　4 せいだ

5

1 かかわらない　　　　　2 すぎない

3 あたらない　　　　　　4 ほかならない

次の文章を読んで、 1 から 5 の中に入る最もよいものを、 1・2・3・4から一つ
選びなさい。

「お酒」という言葉を聞いたとき、どんな種類の酒を想像するでしょうか。

日本人の場合は「お酒」 1 、まず日本酒を思い浮かべる人が多いでしょう。これ
は日本人が昔から飲んできた酒のことなのですが、 2 という言葉は意外に新しいもの
で、明治時代の初期に使われ始めたものなのです。その頃、外国からビールやワイン、
ウイスキーなどの酒が輸入され、国内でも作られるようになったときに、日本人がこれ
まで飲んでいた酒を他の酒と区別する 3 のでしょう。それまでは日本酒のことを単
に「酒」、「お酒」というのが一般的でした。日本酒以外の酒がなかったら、「(お)さけ」
という言葉だけでよかったわけです。

最近はビールやワインを飲む人が増える 4 、日本酒を飲む人が減っているようで
す。しかし、お祭りやお祝いのときには今でも日本酒は 5 ならない大切なものです。

1

   1 といえば   2 というより

   3 にしたら   4 につけても

2

   1 酒   2 洋酒

   3 日本酒   4 ビール

3

   1 必要な   2 必要がない

   3 必要ができた   4 必要がなかった

4

   1 によれば   2 につれて

   3 について   4 にとって

5

   1 ないことは   2 なくては

   3 あっては   4 あるほか

次の文章を読んで、 1 から 5 の中に入る最もよいものを、1・2・3・4から一つ
選びなさい。

「郷に入りては郷に従え」ということわざがある。これは、外国にいるときは、その

国の人と同じように行動をする 1 という意味である。 2 短期間の旅行でも、旅

先のマナーを守ることは重要である。

マナーとは、その国が長年かけて育ててきた文化のひとつである。自分の国ではない

からといって、その国の 3 ことなどしてはならない。せっかくの旅行なのに、あれ

もダメ、これもいけないとばかり言われると、嫌な気分になることもあるだろう。 4

、その国の人への心配りを怠らないことがその国の旅をスムーズにするのだ。本来マナー

とはとても合理的なものなのである。それに慣れれば、外国にいることがむしろ 5

に違いない。

1

1 しかない　　　　　　　2 ことになっている

3 べきだ　　　　　　　　4 まい

2

1 おもに　　　　　　　　2 たとえ

3 しきりに　　　　　　　4 いわば

3

1 文化を育てる　　　　　2 文化に慣れる

3 マナーを無視する　　　4 マナーを守る

4

1 しかし　　　　　　　　2 そのため

3 また　　　　　　　　　4 なぜなら

5

1 嫌な気分にさせられる　2 ダメと言われる

3 嬉しくさせられる　　　4 快（こころよ）く感じられる

次の文章を読んで、 1 から 5 の中に入る最もよいものを、1・2・3・4から一つ選びなさい。

　　夜ベッドに入ってなかなか眠れないことほど辛い 1 。眠れないときに眠りにつくにはどうするのがいいか。昔からさまざまな方法が工夫されてきました。その中で最もよく知られているのが、羊を数えるという方法です。眠れない夜に「羊が一匹、羊が二匹…」と数えてみたことがある人は少なくないでしょう。ところが、実際に数えてみると羊が100匹を過ぎても眠れず、逆に、 2 ますます眠れなくなってしまったという経験はないでしょうか。

　　実はこのやり方は、日本語だとうまく機能しないのです。これは、もともとイギリスから伝わったもので、英語 3 うまくいく方法なのです。では、 4 。

　　羊は英語で「Ｓｈｅｅｐ(シープ)」です。これは、眠るという意味の英語、「Ｓｌｅｅｐ(スリープ)」と音が似ています。そのため、頭の中で羊を数えながら何度もくり返し「Ｓｈｅｅｐ」と言っていると、だんだん発音がくずれてきて「Ｓｌｅｅｐ(眠りなさい)」に近くなります。「眠りなさい」とくり返し自分に言い聞かせる状態、つまり自己催眠状態となるために眠くなるのです。

　　ですから、日本語の「ひつじ」を何度言っても、自己催眠効果もリラックス効果も 5 。100匹までいっても、200匹までいっても眠くならないのは、こうした理由があるからなのです。

1

1 ものです　　　　　　　2 ものはあります

3 ものはありません　　　4 ものではない

2

1 数えるか数えないかのうちに

2 数えるにしろ数えないにしろ

3 数えれば数えるほど

4 数えるとしても数えないとしても

3

1 だからこそ　　　　　　2 だからといって

3 からすると　　　　　　4 からして

4

1 英語と日本語では意味がどのように違うのでしょうか

2 英語で羊を数えるにはどんな方法がいいのでしょうか

3 なぜ日本語だとうまく機能しないのでしょうか

4 眠るためのよい方法とはどんな方法でしょうか

5

1 期待できるでしょう　　2 ないとは言えません

3 出てくるはずです　　　4 生まれません

次の文章を読んで、 1 から 5 の中に入る最もよいものを、1・2・3・4から一つ選びなさい。

現在、深刻な問題となっている地球温暖化。その原因のひとつは CO_2 だと考えられています。電気をつくるため、車を動かすために燃やしているのが石油や石炭などですが、こういった燃料を燃やすと、CO_2 が大量に発生します。石油などを燃やせば 1 、空気中の CO_2 が増えて、地球が温暖化すると考えられているのです。

この地球温暖化に 2 と思われる様々な現象が世界の各地で起きています。例えば、激しい台風や大雨で水害が起きたり、逆に雨が降らなくなって農作物に被害が出たりしています。このような事態は、今後さらに深刻になる 3 。

この問題を解決するために、日本は、CO_2 の発生をどれだけ減らすかという具体的なパーセンテージを決めて、世界に約束しています。この約束を実現するために、「スーパーで袋をもらわない」、「水や電気を節約する」などの活動目標も提案しています。

たとえ小さなことでも、多くの人が毎日実行しさえ 4 、大きな効果が期待できます。ぜひ、あなたも、 5 。

1

  1 燃やす限り   2 燃やすこそ

  3 燃やす以上   4 燃やすほど

2

  1 対する   2 よる

  3 つれて   4 とって

3

  1 ことになっています   2 せいです

  3 おそれがあります   4 とおりです

4

  1 したら   2 するなら

  3 すると   4 すれば

5

  1 ルールを守らなければなりません

  2 何もしないではいられません

  3 できることから始めてみてください

  4 これから地球がどうなるか見ていてください

次の文章を読んで、 1 から 5 の中に入る最もよいものを、1・2・3・4から一つ選びなさい。

　子どもに本を読んで聞かせる「読み聞かせ」は、子どもの読解力の向上にどれほど効果があるのだろうか。その効果をみるテストをしてみた。小学2年生10人を、声を出さずに読む「黙読（もくどく）チーム」と「読み聞かせチーム」の2チームに分けた。そして、同じ話を黙読（もくどく）チームは自分で静かに読み、読み聞かせチームは先生に読んでもらった。その後、両チームに、話の中で一番盛り上がった場面がどこかと質問した。 1 、黙読（もくどく）チームは盛り上がる前の場面を答えたり、関係のない場面を答えたりして、5人とも間違えてしまった。 2 、読み聞かせチームは5人中4人が正しく答えた。

　専門家によると、子どもは 3 のほうが先に発達するため、読み聞かせのほうがイメージが広がり、理解しやすいのだそうだ。大人が子どもに本を読んで聞かせると子どもの読解力が向上するというわけだが、自分自身では読まない 4 、読む力がつくというのは注目すべきことである。ただし、ＣＤなど機械の音声で聞かせると、子どもの集中力が弱くなり、効果も減ってしまうという実験結果もある。読み聞かせでは、読み手が心を 5 読むように注意を払う必要がありそうだ。

1

    1 だから   2 そこで

    3 そして   4 すると

2

    1 その結果   2 これに対して

    3 かえって   4 要するに

3

    1 読み聞かせの力   2 聞く力より読む力

    3 読む力より聞く力   4 黙読する力

4

    1 につけても   2 にかわって

    3 にもかかわらず   4 に反して

5

    1 をともなって   2 こめて

    3 問わず   4 きっかけに

次の文章を読んで、 1 から 5 の中に入る最もよいものを、1・2・3・4から一つ選びなさい。

ネット社会、それはインターネットでつながる世界のことをいいます。世界中の人と簡単にコミュニケーションができたり、様々な情報を楽に集められたり、魅力がいっぱいの新しい社会です。これほど便利なネット社会ですが、そこには残念 1 大きな危険もあるのです。

例えば、ネットショッピングです。インターネットの 2 店まで行かなくても自宅で欲しい物を買うことができるようになり、離れた土地の名物なども簡単に手に入るようになりました。 3 、注文した商品が届かない、クレジットカード番号などの個人情報が盗まれたり、勝手に使われてしまった、というような被害が報告されています。このように、ネットショッピングは、 4 、危険が伴っているのです。

これからもネット社会におけるサービスは増え続けるでしょう。コミュニケーション、買い物、情報を集める方法などがさらに便利になっていくに 5 。一方で、私たち自身の責任も大きくなります。快適で安全な生活のために、「自分で自分を守る」ことが、今、必要とされています。

1

    1 ものの   2 ながら

    3 つつも   4 にせよ

2

    1 おかげで   2 うちに

    3 せいで   4 ところへ

3

    1 その一方で   2 それに加えて

    3 その最中で   4 それに基づいて

4

    1 便利なだけあって   2 便利だとしたら

    3 便利にもかかわりなく   4 便利である反面

5

    1 すぎません   2 限りません

    3 違いありません   4 決まりません

저자 소개

문제작성＋해설

星野 恵子：拓殖大学日本語教育研究所講師

辻 和子：ヒューマンアカデミー日本語学校東京校教務主任

문제작성

青柳 恵

岩本 恵子

小座間 亜依

河村 あゆみ

高田 薫

高橋 郁

번역

徐 希妌 (서희정)

N2

일본 UNICOM과 독점 라이센스

新 일본어능력시험

파트별

실전적중 문제집

호시노 케이코 · 호시노 히로후미 지음

문법

★ 합격의 지름길은 무엇보다도 문제를 많이 풀어보는 것!
실제 시험에 나올 10회 이상분의 N2 문법 문제가 가득!

★ 파트별로 문제가 구성되어 있어 집중적으로 학습 가능!

★ 별책 정답과 문제의 해설(힌트와 풀이방법)을 통해 확실하게
실력 다지기!

동양books

N2

일본 UNICOM과 독점 라이센스

新 일본어능력시험

파트별

실전적중

문제집

호시노 케이코 · 츠지 카즈코 지음

해설집 문법

동양b✺✺ks

〈접속〉제시의 예

[동사]

예 「行く」

【보통형】行く ／ 行かない ／ 行った ／ 行かなかった

【사전형】行く　　　【ます형】行き(ます)　　　【て형】行って　　　【た형】行った

【가능형】行ける　　　【ない형】行か(ない)　　　【「～ている」형】行っている

【의지형】行こう　　　【ば형】行けば

[い형용사]

예 「大きい」

【보통형】大きい ／ 大きくない ／ 大きかった ／ 大きくなかった

【～い】大きい　　　【～くない】大きくない　　　【～かった】大きかった

【ば형】大きければ

[な형용사]

예 「きれい」

【보통형】きれいだ ／ きれいではない ／ きれいだった ／ きれいではなかった

【～で】きれいで　　　【～である】きれいである

【～であった】きれいであった【～な】きれいな【～】きれい

【ば형】きれいならば

[명사]

예 「学生」

【명사】学生　　　　【～】学生【～の】学生の

【보통형】学生だ ／ 学生ではない ／ 学生だった ／ 学生ではなかった

【～で】学生で　　　【～である】学生である　　　【～であった】学生であった

예 「A＝동사／い형용사 보통형」

　　　＝A에는 <동사의 보통형>과 <い형용사의 보통형>이 들어간다

예 「A＝동사 사전형／가능형」

　　　＝A에는 <동사의 사전형>과 <동사의 가능형>이 들어간다

문법 정답과 해설

문장의 문법 1

제 1 회

1 정답 **1**

사양하지 말고, 마음껏(좋으신 만큼) 드세요.

POINT 〈だけ〉

접속 ［A だけ］　A ＝ 동사 사전형／가능형／［ます형+た い］, ［ほしい］, な형용사［〜な］

의미 「A 의 범위내 전부」(A 는 범위)

사용법 「たくさんありますから、どうぞほしいだけ持って いってください」

⚠ 한정의 의미인「だけ(〜뿐, 만)」와는 사용 방법이 다르다.

✏ 今日使ったお金は 500 円だけです。

자주쓰는형태 「〜 (し) たいだけ／できるだけ／要るだけ／好 きなだけ」

✏ 寝たいだけ寝たので頭がすっきりしている。 できるだけ早く行ったほうがいい。急ごう。 必要なだけ買うのが経済的だ。

2 정답 **4**

POINT 〈に 先立って〉

쓰레기 처리장 건설에 앞서 주민에게 설명회가 열렸다.

접속 ［A に先立って B］　A ＝ 명사

의미 「A の前に B／A より先に B」

사용법 「入社試験に先立って、会社説明会が行われた」

⚠ A 는 개인적인 것이 아닌, 사회적인 것, 공적인 것.

✕「食事に先立って、手を洗います」

3 정답 **2**

고장으로 인해 현재 엘리베이터 사용을 중지하고 있습니다.

POINT 〈に つき〉

접속 ［A につき］　A ＝ 명사

의미 「A 이므로」(A 는 이유)

사용법 「工事中につき、足もとにご注意ください」

⚠ 연락, 소식, 게시 등의 내용에서 사용되는 경직된 표현.

4 정답 **3**

피아니스트가 되고 싶다면, 일류 연주가 밑에서 지도를 받는 것 이 좋다.

POINT 〈の もとで〉

접속 ［A のもとで］　A ＝ 명사

의미 「A 의 밑에서」(A 는 「사람」인 경우가 많다)

사용법 「私は数年間、工学部の木村教授のもとで学んだ」 「利益は半分ずつ分けるという約束のもとで、兄 弟が新しい商売を始めた」

⚠ 자주쓰는형태 「先生のもとで」「両親のもとで」「教授の指 導のもとで」「社長の指示のもとで」 など。

5 정답 **4**

시합 전반은 0 점으로 묶였던 A 팀은 후반, 우리 편의 골을 계 기로 기세가 붙었다.

POINT 〈を きっかけに〉

접속 ［A をきっかけに B］　A ＝ 명사, 문장+の／こと

의미 「A 를 시작으로, 그 뒤, B」

사용법 「彼女は、子どものときに母親が病気で死んだこ とをきっかけに、医者をめざすようになった」

⚠ 「を 契機に (〜을／를 계기로)」도 동일한 의미로 사용되나, 「契 機」는 「きっかけ」보다 경직된 표현.

✏ アメリカの大企業が倒産したのを契機に、世界中の 経済が悪化した。

6 정답 **2**

그는 일에서 몇 번이나 문제를 일으킨 끝에 회사에서 해고당했다.

POINT 〈あげく〉

접속 ［A あげく B］　A ＝ 동사 た형, 명사 ［〜の］

의미 「A 한 뒤에 결국, B」(B 는 좋지 않은 결과가 많다)

사용법 「父親と言い争ったあげく、彼女は家を出てしま った」「失業による貧困生活のあげく、ホーム レスになる人が少なくない」

7 정답 **1**

그 학생은 신세 진 선생님께 인사도 하지 않고 귀국해 버렸다.

POINT 〈ことなく〉

접속 ［A ことなく］　A ＝ 동사 사전형

의미 「A(하)지 않고」

사용법 「この店は、1 年を通して休むことなく営業して いる」

8 정답 2

전철에 타고 있을 때 휴대 전화가 울리면, 좋지 않다고는 생각하면서도 전화를 받아 버리는 일이 있다.

POINT 〈ながら／ながらも〉

접속 [Aながら(も)] A＝ 동사 ます형, い형용사 [〜い], な형용사 [〜] [〜であり], 명사 [〜] [〜であり]

의미 「A 인데／이지만」

사용법 「悪いことと知りながら、うそをついてしまった」
「あの人は貧しいながらも明るく生きている」
「彼は学生でありながら、２人の子の父親だ」

자주쓰는형태 「残念ながら」＝「残念ですが」
「勝手ながら」＝「勝手ですが」

✍ 残念ながら、今度の計画はうまくいかなかった。
勝手ながら、本日は営業を休ませていただきます。

9 정답 1

피아노를 친다고 해도 취미로 치는 정도입니다.

POINT 〈と いっても〉

접속 [AといってもB] A＝ 동사／い형용사 보통형, な형용사／명사 [〜] [〜だ]

의미 「A 라고는 하지만, 그래도 B」 (A 에서 연상·예상되는 것을 B 에서 수정한다)

사용법 社長といっても、社員が３人しかいない会社の社長です。(「社長」라고 하면 사원이 많이 있는 사장의 장을 상상하지만, 실은 사원은 3명 뿐인 작은 회사의 사장입니다)

10 정답 3

복권에 당첨되는 것은 어렵지만, 사지 않고서는 당첨될 기회는 전혀 없다.

POINT 〈ないことには〉

접속 [AないことにはB] A＝ 동사 ない형, い형용사 [〜く], な형용사·명사 [〜で]

의미 「A(하)지 않으면 B」

사용법 「いくら勉強をしても、頭がよくないことには、ノーベル賞は取れない」「健康でないことには幸せな生活を送ることはできない」

⚠ 문장 끝에는 부정형, 또는 부정의 의미를 갖는 단어(「無理だ」「だめだ」「不可能だ」등)가 오다.

11 정답 2

초대장을 받았다면, 출석하든 결석하든 답장을 하지 않으면 실례가 된다.

POINT 〈に しろ〉

접속 [Aにしろ] [AにしろBにしろ] A, B＝동사／형용사 보통형, 명사 [〜] [〜である／であった／だった]

의미 「아무리 A 라도」「A 의 경우에도, B 의 경우에도」

사용법 「病気だったにしろ、欠席の連絡をしてほしかった」
「学生にしろ、社会人にしろ、成人ならば国民としての義務を果たすべきだ」

⚠ 동사의 긍정형과 부정형을 나열하는 경우가 많다.

✍ 大人にしろ子どもにしろ
行くにしろ行かないにしろ
[AにしろBにしろ(AだんBだん)]에서는, 같은 종류의 언어를 두 가지 나열하거나, 또는 동사의 긍정형과 부정형을 나열하는 형태가 많다.

12 정답 1

브랜드의 이름이 붙은 상품은 가격에 상관없이 잘 팔린다.

POINT 〈に かかわらず〉

접속 [Aにかかわらず] A＝ 명사, 동사／형용사의 긍정형과 부정형, 또는 반대의 의미를 갖는 두 단어

의미 「A 에 관계없이」

사용법 「会は天候にかかわらず開かれる」
「会は天気がいい悪いにかかわらず開かれる」
「出席するしないにかかわらず、必ず連絡してください」

⚠ 「にもかかわらず」는 다른 표현이므로 의미가 다르다(~임에도 불구하고)

✍ 「雪にもかかわらず、大勢の人が集まった」＝「雪が降るのに、〜」

제 2 회

13 정답 3

이번 주말은 특별히 예정이 없는 것은 아니지만, 집에서 푹 쉬고 싶어서 친구로부터의 권유를 거절했다.

POINT 〈わけではない〉

접속 [Aわけではない] A＝ 동사／い형용사 보통형, な형용사／명사 보통형 (현재형 [〜な] [〜である])

의미 「A 인 것만은 아니다」 (앞에 있는 문장 A 의 내용 전체를 부정한다)

✍ 「予定があるのですか」「いいえ、予定があるわけではありません」: 앞에 있는 문장 「予定がある」의 전체를 부정한다.

사용법 「人はパンのために生きているわけではない」
「その島は南にあります。しかし、一年中暑いわ

문장의 문법 1　문장의 문법 2　글의 문법

けではないんです」

⚠️ 문제문장의 의미에 대해서 : 권유를 거절할 때는, 「예정이 있다」라는 이유가 많지만, 그 이유로 거절하는 것이 아니다라는 뉘앙스가 있다.

14 정답 1

어린 아이가 세 명이나 있어 지금은 배우는 것을 할 때가 아니다.

POINT 〈どころではない〉

접속 [A どころではない] A = 동사／い형용사 보통형, な형용사 [～], 명사

의미 「A는 생각할 수 없다／어처구니 없다／전혀 ～지 않다(A를 강하게 부정)

사용법 「休みになったら、ひまになるかと思ったのに、遊ぶのに忙しくて、のんびりするどころではありません」

「バイクも買えないのだから、車どころではない」

15 정답 4

한 번 맡은 이상에는 마지막까지 책임을 가지고 할 생각이다.

POINT 〈からには〉

접속 [A からには B] A = 동사 보통형, 명사 [～である]

의미 「A이기 때문에 B」(A는 이유, B는 화자의 강한 생각)

사용법 「結婚するからには幸せな家庭を作りたい」

「学生であるからには勉強を第一にするべきだ」

⚠️ 「以上(は)」도 같은 의미로 사용된다.

📝 会社に就職した以上、その会社のためにがんばろう。

16 정답 3

착실한 사람인 아내이므로, 내가 단신 부임으로 외국에 가 있는 동안에도 집을 확실히 지켜줄 것임에 틀림없다.

POINT 〈ことだから〉

접속 [A ことだから B] A = 명사 [～の]

의미 「A이니까 B」(A는 대부분의 경우 「사람」. B는 그 사람의 성격이나 평소의 습관, 모습에서 상상할 수 있는 것)

사용법 「兄はまだ帰ってこない。彼のことだから、またどこかで飲んでいるにちがいない」(兄은 술을 좋아하는 사람)

17 정답 4

이 요리는 초보자용이므로, 지금까지 요리를 한 적이 없는 사람이라도 간단하게 만들 수 있습니다.

POINT 〈向きだ〉

접속 [A 向きだ] A = 명사

의미 「A에 맞는／적합한」(A는 「사람」인 경우가 많다)

사용법 「こちらのパソコンは初心者向きで、使い方が簡単です」

⚠️ 【A向きのB】의 형태도 사용한다. B = 명사

📝 初心者向きのパソコン

18 정답 2

겉모습 인상만으로 사람을 판단해서는 안 된다. 사람의 겉모습은 반드시 사람의 내면과 일치하는 것은 아니기 때문이다.

POINT 〈べきではない〉

접속 [A べきではない] (「A べきだ」의 부정형) A = 동사 사전형

의미 「A(해서)는 안 된다」(화자의 강한 주장이나 판단)

사용법 「まだチャンスはある。ここであきらめるべきではない」

19 정답 1

막 입사했는데, 그런 식으로 회사의 나쁜 말을 해서는 안 된다.

POINT 〈ものではない〉

접속 [A ものではない]([A ものだ]의 부정형) A = 동사 사전형

의미 「A(해서)는 안 된다」(일반적으로 생각되는 것)

사용법 「子どもや動物をいじめるものではない」

20 정답 3

그의 아버지는 화가라고 한다. 그가 그림을 잘 그리는 이유다.

POINT 〈わけだ〉

접속 [A。B わけだ] [B わけだ。A] B =동사／い형용사 보통형, な형용사／명사 보통형（현재형 [～な] [～である]）

의미 「B는 A에서 오는 당연한 결과다／B의 원인・이유(A)를 알았다」(A는 원인 이유, B는 결과)

사용법 「窓が開いている。寒いわけだ」「寒いわけだ。窓が開いている」

⚠️ 「わけ」앞에는 문장(B)가 와서, 이 문장은 「결과」를 나타내지만, 「わけ」가 독립적으로 사용되면 「이유」의 의미를 나타낸다.

📝 どうしてそんなことをしたんですか。わけを話しなさい。

21 정답 1

자연 보호를 목적으로 하는 그룹에 들어가서 활동하고 싶다고 생각하고 있습니다.

문장의 문법 1 | 문장의 문법 2 | 글의 문법

POINT 〈を〜とする〉

접속 [A を B とする] A, B = 명사

의미 「A 가 B 이다」

사용법 「田中さんをリーダーとするチームが開発した商品を紹介します」「日本は米を主食としている」

---

22 정답 2

개의 산책을 하는 김에 서점에 들러 신간 도서를 샀다.

POINT 〈ついでに〉

접속 [A (の) ついでに B] A = 동사 사전형／た형, 명사 [〜の]

의미 「A(의) 때, 함께 B 도 하다」

사용법 「車にガソリンを入れるついでに、タイヤのチェックもしてもらった」

⚠ 큰 것에는 사용하지 않는다.

×「結婚したついでに、家を買った」

---

23 정답 4

최근, 환경 문제에 대한 세계 각국의 의식이 변하고 있다.

POINT 〈つつある〉

접속 [A つつある] A = 동사 ます형

의미 「A 하고 있는 상태다」

사용법 「農業をやりたいと希望する若者が減りつつある」

---

24 정답 4

가벼운 기분으로 콩쿠르에 참가했는데, 1 위가 되어서 스스로도 놀라고 있다.

POINT 〈た ところ〉

접속 [A た ところ B] A = 동사 た형

의미 「A(했)더니／A(한) 결과」(B 는 A 한 뒤에 알게 된 것, 일어난 일)

사용법 「熱が高かったので病院で検査を受けたところ、新型インフルエンザだとわかった」

⚠「(し)てみたところ」의 형태를 자주 쓴다. 의미에 큰 차이는 없다.

✎ 奨学金について大学の学生課で聞いてみたところ、詳しい資料を見せてくれた。

제 3 회

25 정답 2

신년도 예산을 둘러싸고, 2 개의 정당이 격하게 대립하고 있다.

POINT 〈を めぐって〉

접속 [A をめぐって] A = 명사, 문장 ＋こと／か(どうか)

의미 「A 에 대해／A 에 관해」(A 는 문제, 과제, 관심사 등)

사용법 「ダムの建設をめぐって、村民が賛成派と反対派に分かれてしまった」「税金を上げるかどうかをめぐって市民が話し合った」

---

26 정답 4

POINT 〈(で) さえ〉

이 문제는 전문가조차 알 수 없는 것이어서, 우리들 초보자에게는 알 수가 없습니다.

접속 [A (で) さえ B] A = 명사

의미 「A(라)도 이므로, 다른 것은 물론 B」

사용법 「小さい子どもでさえ知っていることだから、あなたはもちろん知っているでしょう」「タイ語は全然知らない。『こんにちは』さえ知らないんだ」

---

27 정답 2

저희 가게에서는 싸고 맛있는 요리를 늘렸으면 좋겠다는 손님의 의견에 부응하여 새로운 메뉴를 더했습니다.

POINT 〈に こたえて〉

접속 [A にこたえて] A = 명사

의미 「A 에 맞춰」

사용법 「息子は両親の期待にこたえて、一流会社に就職した」

---

28 정답 3

경기의 악화로 중소 기업뿐만 아니라, 대기업도 경영이 어려워지고 있다.

POINT 〈ばかりか〉

접속 [A ばかりか B] A = 동사 보통형, い형용사 [〜い], な형용사 [〜な] [〜である], 명사

의미 「A 뿐만 아니라, B 도」 (B 를 강조)

사용법 「彼は商売に失敗して、店ばかりか自宅まで売ることになってしまった」「この島の気候は、気温が高いばかりか湿気も多くて、蒸し暑い」

---

29 정답 3

오늘은 모닝커피를 마셨을 뿐, 아무것도 먹지 않았다.

POINT 〈きり〉

접속 [A きり／きりだ／きりで] A = 동사 た형

의미 「A(한) 채로」(A 후에 상태에 변화가 없다)

사용법 「彼は去年国へ帰ったきり、何の連絡もしてこない」「洋子には夏に会ったきりで、その後メールの交換もしていない」

30 정답 **1**

이 마을에서 일주간에 걸쳐 행해진 축구 국제 시합이 오늘 막을 내렸다.

POINT 〈に わたって〉

접속 [A にわたって] A = 명사

의미 「A 의 기간 또는 범위에서」(A 는 기간 / 거리 / 페이지 행 등 범위를 나타내는 말) 기간이 많거나 범위가 넓다라는 의미도 있다.

사용법 「昨日は 10 時間にわたって停電した」
「ここから 2 キロにわたって工事が行われている」
「筆者は 20 ページにわたって反対意見を述べている」

⚠ B 가 명사인 경우: [A に わたる B] [A に わたっての B]
　　　　　　　　　　 [A に わたった B]

🖊 10 時間にわたる停電
　 10 時間にわたっての停電
　 10 時間にわたった停電

31 정답 **3**

POINT 〈くせに〉

스키 초보자인 주제에 '상급자 코스에서 타고 싶다'라니 건방지다.

접속 [A くせに B] A = 동사／い형용사 보통형, な형용사 보통형(현재형 [〜な]), 명사 보통형(현재형 [〜の])

의미 「A 인데 B」

사용법 「子供のくせにお酒を飲んでいる」
「医者のくせに健康に気をつけない」
「知っているくせに教えてくれない」
「体が弱いくせに健康に気をつけない」

⚠ 강정적인 표현. B 인 것을 비난하거나, 불만스럽다는 기분을 나타낸다.

32 정답 **2**

사장이 찬성하지 않는 한, 새로운 프로젝트는 시작할 수 없다.

POINT 〈かぎり〉

접속 [A かぎり B] A = 동사 사전형／ない형, い형용사 [〜い／〜くない], な형용사／명사 [〜である／〜でない]

의미 「A 의 사이에서는 B」「A 의 범위에서 B」

사용법 「私たちが文句を言わないかぎり、サービスはよくならない」
「こんなことを続けているかぎり、私たちは幸せにはなれない」
「学生であるかぎり勉強を一番に考えるべきだ」

33 정답 **4**

올바른 일을 한다고 해서 주위 사람의 협력을 얻을 수 있다고는 할 수 없다.

POINT 〈からと いって〉

접속 [A からといって B] A = 문장(동사／형용사／명사 보통형)

의미 「『A 이므로 B』라는 것은 반드시 성립하지 않는다 / 『A 이므로 B』라고 말할 수 없는 경우도 있다」

「日本人だから、みんなが漢字をたくさん知っている 일본인이므로 모두가 한자를 많이 안다」
⇒ 「日本人だからといって、みんなが漢字をたくさん知っているわけではない 일본인이라고 해서 모두가 한자를 많이 아는 것은 아니다」

사용법 「勉強したからといって、合格するとは限らない」
「お金があるからといって必ずしも幸せなわけではない」

◇ 문장 끝은 「わけではない」「かぎらない」「とは言えない」 등이 많다.

⚠ 이유를 나타내는 경우가 많다.

🖊 父は、みんなを喜ばせたいからと言って、スーツケースにいっぱいお土産を買ってきた。

34 정답 **4**

다나카 부장은 영어는 물론이고 프랑스어, 중국어도 할 수 있다.

POINT 〈は もとより〉

접속 [A はもとより B も] A, B =명사

의미 「A 는 물론 B 도」(A 와 B 는 같은 종류의 것)

사용법 「このゲームは、子供はもとより大人にも人気がある」

⚠ 딱딱한 표현이므로 문어체로 사용된다.

35 정답 **1**

그는 컴퓨터를 잘 알고 있어서 모두에게 '컴퓨터 박사'라고 불리고 있다.

POINT 〈ことから〉

접속 [A ことから B] A = 동사／い형용사 보통형, な형용사 보통형(현재형 [〜な／〜である]), 명사 보통형(현재형 [〜である])

의미 「A 라는 이유에서」「A 이므로」

사용법 「この地方は良質の米ができることから、酒造りが盛んになった」
「道路がぬれていることから、昨夜雨が降ったとわかる」

36 정답 2

합격 통지를 들은 그녀는 너무 기뻐서 울어버렸다.

POINT 〈あまり〉

접속 ［A あまり］ A ＝ 동사 사전형, 명사 ［〜の］

의미 「매우 A 이므로」

사용법 「娘のことを心配する**あまり**、母は病気になって
しまった」
「彼女は、失恋した悲しさの**あまり**、病気になっ
てしまった」
「驚きの**あまり**動けなくなった」

⚠ 감정, 감각을 표현하는 형용사의 명사형 (い형용사 ［〜い］→
［〜さ］)를 자주 사용한다.

✏ 「うれしさの**あまり**」「痛さの**あまり**」

제 4 회

37 정답 3

오늘의 회의에서는 사회에 있어서 여성의 지위에 대해서 이야
기 나누겠습니다.

POINT 〈に おける〉

접속 ［A における B］ A ＝ 명사 B ＝명사

의미 「A 에 있어서 B」 (A 는 장소 또는 시기를 나타내는
명사)

사용법 「家庭**における**父親の役割が変わった」
「明治時代**における**女性の地位は現代に比べる
ととても低かった」

38 정답 1

손윗사람에게 대해 경어를 사용하는 것은 일본만의 문화는 아
니다.

POINT 〈に 対して〉

접속 ［A に対して］ A ＝ 명사

의미 「A 에게」「A 를 향해」

사용법 「目上の人**に対して**敬語を使う」
「学生の質問**に対して**、先生は丁寧に答えた」
「教室が狭いこと**に対して**学生は文句を言った」

⚠ 「대비」를 나타내는 표현도 있다.

✏ 老人の人口が増えている**のに対して**、子供の人口
は減少している。 노인의 인구가 늘어가고 있는 것에
비해, 아이들의 인구는 감소하고 있다.

39 정답 2

졸음 운전에 따른 교통사고는 좀처럼 줄지 않는다.

POINT 〈に よる〉

접속 ［A による B］ A, B ＝명사

의미 「A 가 원인으로 B」「A 로 인한 B」 (A 는 B 의 원
인・이유・수단)

사용법 「たばこの火**による**火事が増えている」
「アンケート**による**調査結果が発表された」

⚠ 「차이」를 나타내는 표현도 있다.

✏ 「日本語の発音には地域や年齢**による**違いが見られる」

40 정답 4

술을 너무 많이 마신 탓에 다음 날은 학교를 쉬어 버렸다.

POINT 〈せいで〉

접속 ［A せいで B］ A ＝ 동사／い형용사 보통형, な형용
사 보통형 (현재형 ［〜な］), 명사 ［〜の］

의미 「A 가 원인으로 B 의 결과가 되었다」 (B 는 좋지
않은 결과)

사용법 「うそを言った**せいで**信用されなくなった」
「工事の**せいで**道路が渋滞している」

⚠ 「A 가 나쁘다」라는 기분을 강하게 나타내는 강경적인 표현

41 정답 1

아이가 태어난 이래, 남편은 매일 밤 일찍 귀가하게 되었습니다.

POINT 〈て 以来〉

접속 ［A て以来 B］ A ＝ 동사 て형

의미 「A(하)고 나서 계속 B」 (B 의 기간이 길다)

사용법 「入社して**以来**、一度も遅刻をしていない」

42 정답 3

이제 어린 애가 아니니까, 자신의 방 정도는 스스로 청소거라.

POINT 〈くらい〉

접속 ［A くらい］ A ＝ 동사／い형용사 보통형, な형용사
／명사 보통형 (현재형 ［〜な］ ［〜である］)

의미 「A(의) 정도」 (A 의 정도는 낮은 정도에서 높은
정도 까지 있다)

사용법 「ひらがな**くらい**書けるようになりたい」
「返事をしなかった**くらい**で彼が怒るとは思わなか
った。」

⚠ 이 문제문에서는「自分の部屋**くらい** 자신의 방 정도」는 낮은 정
도를 나타내지만, 정도가 높은 경우도 있다.

✏ あれ**くらい**頭がよければどんな仕事でもできるだろう。
저 정도 머리가 좋으면 어떤 일
도 할 수 있겠지
今日は気温が高い。暖かいどころか暑い**くらい**だ。
오늘은 온도가 높다. 따뜻하기는 커녕 더울 정도다

◇ 「約／大体 (약/대개)」 의 의미인「くらい／ぐらい」는
다른 사용법도 있다.

📝 駅から 10 分ぐらいのところに住んでいる。

43 정답 3

다나카는 지금 자리를 비웠으므로, 돌아오는 대로 그쪽으로 전화 드리겠습니다.

POINT 〈次第〉

접속 [A 次第 B] A = 동사 ます형

의미 「A 하면, 바로 B 하다」

사용법 「予定が決まり次第、連絡します」

⚠ 「次第」에는 다음과 같은 사용법도 있다.

◆ [문장+次第だ] : 참고 45

📝 「こんな早い時間に申しわけありませんが、早くお知らせしたいと、こうして伺った次第です 이렇게 이른 시간에 죄송합니다만, 빨리 알려드리고자, 이렇게 찾아 뵌 것입니다.」
격식을 차린 경우에 , 그 일의 경위와 이유, 사정설명 등에 사용한다. ＝「……わけです」

◆ [명사+次第だ] : 참고 196

📝 「合格、不合格は面接の結果次第だ」「面接の結果次第で、合格、不合格が決まる」
＝「(면접의 결과)에 따라 정해진다」

44 정답 1

선배 덕분에 신입 사원인 저도 빨리 회사에 익숙해질 수 있었습니다.

POINT 〈おかげで〉

접속 [A おかげで B]「B は A おかげだ」A = 동사／い형용사 보통형, な형용사 보통형 (현재형 [～な]), 명사 보통형 (현재형[～の])

의미 「A 덕분에 B 가 되었다」 (B 는 좋은 결과)

사용법 「木村さんのおかげで日本語が上手に話せるようになった」
「試験が難しくなかったおかげで合格した」
「仕事が早く済んだのは、木村さんが手伝ってくれたおかげです」

⚠ ◇「A 가 좋았다, 기쁘다 , 고맙다」라는 기분을 나타내는 표현
◇ 일반적으로는 좋은 결과가 되는 경우가 많다. 하지만 비꼬는 의미로 나쁜 결과인 경우에도 사용된다.

📝 わがままな妹のおかげで、私はいつも損をしている。
버릇없는 동생덕분에, 나는 언제나 손해를 보고 있다.

45 정답 4

벌써 5 시다. 어두워지기 전에 돌아가자.

POINT 〈うちに／ないうちに〉

접속 [A うちに B]「A ないうちに B] A = 동사 て형／ない형, い형용사 [～い]、な형용사 [～な], 명사 [～の]

의미 「A 동안에 B(하다)」「A 가 되기 전에 B」

사용법 「店が開いているうちに買い物に行こう」
「雨が降り出さないうちに、洗濯物を入れたほうがいい」
「若いうちにしっかり勉強したほうがいい」
「元気なうちに旅行をしたい」
「独身のうちに自由な生活を楽しむつもりだ」

⚠ ◇「A 의 상태가 끝나면 안되므로 끝나기 전에 B 하다」라는 의미가 있다.
◇ 「동사＋うちに」에는 「변화」를 나타내는 표현도 있다.
참고 113

📝 はじめは下手でも、練習するうちにだんだん上手になりますよ。

46 정답 2

히라가나와 가타카나는 한자를 기초로 만들어졌다.

POINT 〈を もとに／もとにして〉

접속 [A をもとに／もとにして] A = 명사

의미 「A 를 기초로 해서／A 에서」

사용법 「その作家は自分の体験をもとに小説を書いた。そして、その小説をもとにして、映画が作られた」

47 정답 3

마을이 발전함에 따라서 인구가 늘고 그 결과 쓰레기도 늘어 버렸다는 것이 문제가 되고 있다.

POINT 〈に つれて〉

접속 [A につれて B] A = 동사 사전형, 명사

의미 「A 가 변하면, B 도 변한다」 (A 와 B 는 변화를 나타내는 단어)

사용법 「山道を登るにつれて、気温が下がる」
「車の増加につれて、渋滞が激しくなった」

48 정답 2

일본에 와서 초밥을 비롯하여 주된 일본 음식은 대부분 먹었다.

POINT 〈を はじめ〉

접속 [A をはじめ B] A, B ＝명사

의미 「A 를 대표로 하는 B」 (A 는 B 의 대표적인 것)

사용법 「中国をはじめアジアの国々が集まって経済会議を行った」
「15 歳の田中選手をはじめ若い選手の活躍が目立った」

49 정답 2

돈만 있으면 뭐든지 할 수 있다는 생각은 틀렸다고 생각한다.

POINT **〈さえ～ば〉**

접속 「AさえBば～」 A = 명사

의미 「A 만 B 하면 (그것만으로 좋다)

사용법 「この薬さえ飲めば、すぐによくなる」

⚠ 「A(し)さえすれば～」라는 형태도 자주 사용된다.
A 는 동사 ます형

📝 この薬を飲みさえすれば、すぐによくなる。

50 정답 3

비록 아무리 연습이 힘들어도 올림픽에서 금메달을 따는 꿈은 포기할 수 없다.

POINT **〈たとえ～ても〉**

접속 「たとえAても／でもB」 A = 동사／형용사 て형, 명사 [～でも]

의미 「만약 A 해도 B 는 변하지 않는다」「A 의 경우에도 변함없이 B 다」

사용법 「たとえ子供でも、交通ルールは守らなければならない」 (＝아이의 경우라도 어른과 같이 교통룰을 지켜야한다.)
「たとえ何があっても、この仕事を最後までやりたい」

51 정답 4

늦었기 때문에 택시로 돌아가고 싶지만, 돈이 없으니까 걸어서 돌아갈 수 밖에 없다.

POINT **〈しかない〉**

접속 「Aしかない」 A = 동사 사전형

의미 「A 할 수 밖에 다른 방법이 없다」「A 하고 싶지 않지만 A 하지 않으면 안된다」

사용법 「台風が来るので、スポーツ大会は中止するしかない」

52 정답 3

조금 바빠서 답장이 늦어버렸습니다. 죄송합니다.

POINT **〈もので〉** 참고 229

접속 「AものでB」 A = 동사／い형용사 보통형, な형용사 보통형(현재형 [～な]), 명사 보통형

의미 「A 이므로 B」 (A 는 B 의 이유)

사용법 「すみません。電車が遅れたもので、遅くなりました」

「ダイエット中なもので、甘いものはちょっと…」

⚠ 이유를 조심스럽게 얘기할 때 쓰는 표현. 변명에 사용되는 경우도 많다.

53 정답 1

봄부터 가을에 걸쳐서 비가 매우 적었기 때문에, 이번 겨울은 전국적으로 물 부족 상태가 이어지고 있다.

POINT **〈に かけて〉**

접속 「AからBにかけて」 A, B＝명사

의미 「A 에서 B 의 범위로」 (A, B 는 시간, 장소, 위치, 책의 페이지 등)

사용법 「去年から今年にかけて景気は徐々に回復している」
「東北地方から関西地方にかけて大雨が降った」
「資料は、本の5ページから7ページにかけて出ています」

54 정답 2

이 방은 오랫동안 사용하지 않았기 때문에, 먼지투성이가 되어 버렸다.

POINT **〈だらけ〉**

접속 「Aだらけ」 A = 명사

의미 「A 가 가득이다」 (A 는 좋지 않은 것)

사용법 「祭りのあと、道路はごみだらけだった」
「大掃除をしたら、服がほこりだらけになった」

55 정답 4

술이 원인으로 주위에 폐를 끼쳐 버렸다. 두 번 다시 마시지 않겠다고 생각한다.

POINT **〈まい〉**

접속 「Aまい」 A = 동사 1 그룹 사전형, 동사 2 그룹 사전형, 또는 ます형, 「する」→「するまい／すまい」, 「来る」→「来るまい／来まい (こまい)」

의미 「절대로 A 하지 않는다／절대로 A 하지 않을 예정이다」 (「～ 하지 않겠다」라는 강한 기분을 말한다)

사용법 「こんな店、二度と来るまい」
「同じ失敗は決してするまいと思っている」
「ダイエット中だから、甘いものは食べまいと思っているのだが……」

⚠ 「もう」「二度と」「絶対に」「決して」등과 같이 사용하는 경우가 많다.

56 정답 3

그는 부모님에게 받은 돈을 1 년에 다 써버리고 말았습니다.

POINT 〈きる〉 참고 187

[접속] [A きる] A = 동사 ます형

[의미] 「마지막까지 / 전부 A 하다 (남은 것이 없다)」

[사용법] 「買っておいたビールを全部飲みきった」
「長時間働いて疲れきってしまった」
「彼はマラソン 42 ㎞を見事に走りきった」

57 정답 **2**

나이를 먹은 탓인지, 최근 잘 잊어버리게 되어서 사람의 이름이 생각나지 않는 일이 많다.

POINT 〈っぽい〉

[접속] [Aっぽい] A = 동사 ます형

[의미] 「A (하는) 경향이 있다」 (좋지 않은 경향)

[사용법] 「あの子はあきっぽくて、何をやっても長く続かない」
「彼女は怒りっぽいから、気をつけたほうがいい」

⚠️ ◇ A가 명사 문장도 있다. 「A 의 성질이 있다」 「조금 A 에 가까운 느낌이 있다」라는 의미. 참고 229

📝 「木村さんはいつも黒っぽい服を着ている」(＝검정에 가까운 색 옷)
「彼の話し方はちょっと女っぽい」
「この部屋はほこりっぽい。あまり掃除をしていないようだ」
「春は風が強いので、空気がほこりっぽい」

◇ っぽい는, い형용사와 같이 변화한다. 「(子供)っぽい／っぽくない／っぽかった／っぽくなかった」「(大人)っぽくなる」

58 정답 **1**

제가 차로 데려다 줄 테니까, 전철 시간을 신경 쓸 것은 없습니다.

POINT 〈ことはない〉

[접속] [A ことはない] A = 동사 사전형

[의미] 「A 할 필요 없다／A 하지 않아도 좋다」

[사용법] 「悪いのは田中さんだから、あなたが謝ることはありません」
「電話で話せばいい。わざわざ行くことはない」

59 정답 **3**

이 케이크는 책에 써 있는 대로 만들면 실패할 것은 없을 것이다.

POINT 〈とおり／とおりに〉 참고 186

[접속] [A とおり (に)] A = 동사 사전형／た형,
명사 [～] [～の]

[의미] 「A 와 같게／A 에 따라」

[사용법] 「先生が言うとおりしたら、うまくできた」
「教えてもらったとおりに行ったのに、道に迷ってしまった」

「マニュアルのとおりにしてください」

⚠️ 「通り」라고도 쓴다. 「명사＋通り」의 경우는, 「～どおり」라고 읽는다.

📝 計画は予定通り進んでいる。

60 정답 **4**

우리 회사에서는 10 년간 일하면, 1 주일간 휴가를 얻을 수 있게 되어 있다.

POINT 〈ことになっている〉

[접속] [A ことになっている] A = 동사 사전형／ない형／가능형, い형용사 [～い] [～くない]

[의미] 「A(할) 것이 정해져 있다」

[사용법] 「私の家では、日曜日の夜は家族全員で食事をすることになっている」「結婚式の司会は、山田さんがすることになっている」

제 6 회

61 정답 **3**

싸고 품질도 좋기 때문이겠지. 이 상품은 재미있을 정도로 잘 팔린다.

POINT 〈ほど〉

[접속] [A ほど B] A = 동사／い형용사 보통형, な형용사 보통형 (현재형 [～な] [～である]), 명사 보통형 (현재형 [～] [～である])

[의미] 「B 의 상태는 A 와 같다」 「A 정도 B 다」 (A 는 정도를 나타낸다)

[사용법] 「息子は、1 年間にびっくりするほど背が伸びた」
「優勝できて、泣きたいほどうれしい」

⚠️ ◇ 「Aほどの B」의 형태도 있다. B ＝ 명사

📝 「トムさんの店は、行列ができるほどの人気がある店になった」
「指の先ほどの石が部屋の中に落ちていた」

◇ 「Aほどの B」에는 「A 의 정도가 높으면 B 의 정도도 높다」라는 사용법도 있다.

📝 暑いほどビールがよく売れる。

62 정답 **2**

그의 연구는 전문가뿐만 아니라, 일반 사람들에게도 높게 평가된다.

POINT 〈のみならず〉

[접속] [A のみならず B も] A = 동사 보통형, い형용사 [～い], な형용사 [～である], 명사

[의미] 「A 뿐만 아니라 B 도」

[사용법] 「子供のみならず、大人もゲームに夢中になっている」

「この車は、性能が優れている**のみならず**、デザインも良いので、よく売れている」

⚠️ 딱딱한 표현이므로, 문어체로 쓰는 경우가 많다.

63 정답 3

인터넷은 우리들에게 많은 정보를 주는 반면에 사회에 나쁜 영향을 주는 경우도 있다.

POINT 〈反面／半面〉

🔹 [A 反面（半面）B] A＝동사／い형용사 보통형, な형용사 보통형 [〜な] [〜である], 명사 보통형 (현재형 [〜である])

意味 「A 이지만, 그래도 한편으로 B」 (A 와 B 는 대립하는 것)

使用法 「多くの国で、経済が発展する**反面**、自然が失われていく」
「彼は音楽の才能に恵まれている**反面**、スポーツは全くできない」

64 정답 1

가능한 것이라면 지금 바로라도 고국에 돌아가고 싶다. 그러나 그것은 불가능하다.

POINT 〈ものなら〉

🔹 [A ものなら B] A＝동사 가능형, B＝동사 ます형+たい（[〜（し）たい]）
A, B 는 같은 동사이거나 A 가 「できる」, B 가 가능형인 문장이 많다 .

意味 「(불가능하지만) 혹시 된다면, 하고 싶다 .」

使用法 「見られる**ものなら**、1000 年後の世界を見てみたい」
「会える**ものなら**、亡くなった祖父に会いたい」
「できる**ものなら**、遊んで暮らしたい」

⚠️ A 가 동사 의지형인 경우도 있다. 「만약 A 를 한다면, 엄청난 일 (B)가 된다」라는 의미.

✏️ A 先生は厳しい。遅刻でもしよう**ものなら**、大きな声でしかられる。
マスコミはうるさい。有名人が事故を起こそう**ものな**ら、大騒ぎをする。

65 정답 4

봄이 되었다고는 하나 아침저녁은 아직 춥다.

POINT 〈ものの〉

🔹 [A ものの B] A＝동사 보통형, い형용사 보통형, な형용사 보통형 (현재형 [〜な／〜である]), 명사 보통형 (현재형 [〜である])

意味 「A(이)지만」

使用法 「たばこが体に良くないことはわかっている**もの**の、なかなかやめられない」
「この店の料理は値段が高い**ものの**、味がいいので人気がある」
「パソコンを買った**ものの**、あまり活用できない」

66 정답 2

저 아이는 나이에 비해 다른 사람의 기분을 잘 안다.

POINT 〈わりに／わりには〉

🔹 [A わりに（は）B] A＝동사／い형용사 보통형, な형용사 보통형 (현재형 [〜な／〜である]), 명사 보통형 (현재형 [〜の])

意味 「A 에서 예상되는 정도와는 다르게 B 다」

使用法 「安い**わりに**きれいな部屋だ」
「祖父は年の**わりに**元気だ」
「今度のテストは、準備不足だった**わりには**いい成績だった」

67 정답 3

살기 편한 사회를 만들기 위해서 우리들 자신에게 지금 무엇을 할 수 있는가 함께 생각하지 않겠습니까?

POINT 〈〜う／ようではないか〉

🔹 [A ではないか／ではありませんか] A＝동사 의지형

意味 「A 하자／합시다」

使用法 「みんなで海岸をきれいにしよう**ではありませんか**」
「私たちの町を犯罪のない町にしよう**ではないか**」
「ゴミを減らそう**ではないか**」

⚠️ 스피치나 문장으로 사람들에게 강하게 호소할 때 사용한다.

68 정답 1

그것은 일어날 것이 충분히 예측할 수 있는 사고였다.

POINT 〈得る〉

🔹 [A 得る] A＝동사 ます형

意味 「A 할 가능성이 있다」「A 하는 것이 가능하다」

使用法 「このような事件は今後も起こり**得る**ことだろう」
「これが考え**得る**もっともいい方法だ」
「太陽が西から昇ることは、絶対にあり**得ない**」
（「あり**得ない**」＝「일어날 가능성이 전혀 없다」）

⚠️◇ 「得る」의 읽는 법 : 보통형 긍정형 「得(う／え)る」, 보통형 부정형 「得(え)ない」, ます형 「あり得(え)ます」

69 정답 3

모리 씨에게 이 이상 힘든 일을 하게 하면, 그는 회사를 그만 둘지도 모른다.

POINT 〈かねない〉

접속 [Aかねない] A = 동사 ます형

의미 「A 할지도 모른다／A 할 가능성도 있다」(A 는 좋지 않은 것)

사용법 「そんな無理な練習をしたら、体をこわしかねない」
「油断していると失敗しかねないから、注意しなさい」

---

70 정답 2

당신의 의견도 잘 알겠습니다만, 찬성하기 어려운 점도 조금 있습니다.

POINT 〈かねる〉

접속 [Aかねる] A = 동사 ます형

의미 「A 하는 기분이 되지 않으므로 A 할 수 없다」

사용법 「退職した父に学費を出してほしいとは言いにくく、ずっと言い出しかねている」

⚠ ◇무엇인가 심리적인 이유로 기분이 내키지 않아「할 수 없다」라는 뉘앙스가 있다.

◇「見かねて」「見るに見かねて」＝「가만히 보고 있을 수는 없으므로」

📝 小さい子供が泣いていた。私は見かねて、「どうしたの」と声をかけた。 어린 아이가 울고 있었다. 나는 보고만 있을 수 없어, 『왜 그러니?』라고 말을 걸었다.

---

71 정답 4

석양이 질 때에 보는 후지산은 얼마나 아름다운 것인가.

POINT 〈ことか〉

접속 [Aことか] A = 동사／い형용사 보통형, な형용사 보통형 (현재형 [～な／～である])

의미 「매우 A 다」「A 가 매우 많다」(감정이나 상황을 강조하는 표현)

사용법 「ペットが死んだときは、悲しくて、どんなに泣いたことか」
「一人きりで、どれほどさびしかったことか」
「この地震で何人の人が死んだことか」

⚠ 「どんなに／どれほど／どれだけ／なんと／何＋수사 (예：「何人」)」등과 함께 사용한다.

---

72 정답 2

건강하게 있고 싶고 싶으면, 담배를 끊는 것입니다.

POINT 〈ことだ〉

접속 [Aことだ] A = 동사 사전형／ない형

의미 「A(하는) 편이 좋다／A(하)거라」「A(하)지 않은 편이 좋다／A(해서)는 안된다」 충고나 조언의 표현)

사용법 「大学に入りたかったら、しっかり勉強することだ」
「クビにされたくなかったら、遅刻しないことだね」

제 7 회

73 정답 2

모처럼 발견한 아르바이트이지만, 시험이 다가왔기 때문에 그만두지 않을 수 없다.

POINT 〈ざるをえない〉

접속 [Aざるをえない] A = 동사 ない형
（「する」→「せざるをえない」)

의미 「A 하고 싶지 않지만, 하지 않으면 안된다」

사용법 「お金がないので、留学をあきらめざるをえない」
「明日が締め切りの仕事だ。今日は残業せざるを得ない」

⚠ 「ざるを得ない（～하지 않으면 안 된다）」로 쓰는 경우도 많다. 경직된 표현이므로 문어체로 사용되는 경우가 많다.

---

74 정답 2

오늘 밤부터 내일 아침에 걸쳐 관동 지방에서는 폭설이 올 우려가 있습니다.

POINT 〈に かけて〉 참고 53 142

접속 [AからBにかけて] A, B =명사

의미 「A 에서 B 사이／A 에서 B 까지」(A, B 는 시간, 장소, 책 페이지 등)

사용법 「S 市からT 市にかけて道路が渋滞しています」

⚠ 【AからBまで】와의 차이 : A, B 가 시간을 나타낼 경우, 「AからBにかけて」의 A, B 는 자세한 시각이 아닌 대략적인 시간을 말한다. 이것과 달리, 「AからBまで」의 A, B 는 자세한 시각을 말하는 경우도 있다.

📝 ○「授業は 8 時 30 分から 3 時 15 分まで行われる」
✕「8 時 30 分から 3 時 15 分にかけて」

---

75 정답 1

최근 운동 부족 기미로 아침 일찍 일어나서 역까지 걷도록 하고 있습니다.

POINT 〈気味〉

접속 [A気味 (だ)] A = 동사 ます형, 명사

의미 「A 하는 경향이 있다／조금 A 다」

사용법 「物価は最近下がり気味だ」
「昨日から風邪気味なので薬を飲んだ」

---

76 정답 3

의사의 이야기에 따르면, 할머니는 2, 3 일로 퇴원할 수 있을 것이라고 한다.

POINT 〈ということだ〉

접속 [Aということだ] A = 문장 (동사／형용사／명사 보통형)

13

「A 라고 한다」(들은 것, 읽은 것을 전하는 표현)

(使用法)「新聞によると、首相の人気が下がっているということだ」
「温暖化の原因は CO₂ だということです」

---

77 정답 3

딸은 벌써 18 세가 되었는데, 언제까지나 어린아이 같다. 앞으로 사회인으로서 혼자 설 수 있을지 어떨지 걱정이다.

POINT 〈っぽい〉

(接続) [Aっぽい] A = 명사

(意味) 「A 의 성질이 있다」「조금 A 에 가까운 기분이 든다」

(使用法)「木村さんはいつも黒っぽい服を着ている」
    (＝검정에 가까운 옷)
「彼の話し方はちょっと女っぽい」
「この部屋はほこりっぽい。あまり掃除をしていないようだ」
「春は風が強いので、空気がほこりっぽい」

⚠️ ◇ A 가 동사 (ます형)의 문장도 있다. 의미는 「A 하는 경향이 있다」
(좋지 않은 결과) 참고 57

📝 あの子はあきっぽい。何をやっても長く続かない。
彼女は怒りっぽいから、気をつけたほうがいい。
年を取って忘れっぽくなった。

◇ 「っぽい」는 「い형용사」와 같이 변화한다
「(子供)っぽい／っぽくない／っぽかった／っぽくなかった」(大人)っぽくなる」

---

78 정답 2

그런 어린아이가 이 소설을 이해할 수 있을 리가 없다.

POINT 〈わけがない〉

(接続) [A わけがない] A = 동사／い형용사 보통형, な형용사／명사 보통형 (현재형 [〜な] [〜である])

(意味) 「A(일) 리가 없다／당연히 A 지 않다」

(使用法)「ハワイで雪が降った? うそでしょう。南の島に雪が降るわけがありませんよ」
「一流のレストランだから、料理がまずいわけがない」

---

79 정답 1

이 방은 몸이 불편한 사람에게도 사용하기 쉽도록 설계되어 있습니다.

POINT 〈ように〉

(接続) [A ように B] A = 동사 사전형／ない형／가능형

(意味) 「A(의) 목적으로 B 하다」

(使用法)「試験に合格できるようにしっかり勉強しよう」

「風邪を引かないように気をつけて」

◇자주 쓰는 형태
「〜 (ら) れる／できるように」「〜 (し) ないように」

⚠️ ◇문장의 의미 : 이 방은 「몸에 장애가 있는 사람도 편하게 생활할 수 있게」라는 목적으로 여러가지로 고민하여 만들어졌다.

◇「ように (〜하기 위해)」를 사용한 문장의 「목적」은, 화자에게는 컨트롤할 수 없는 내용. 컨트롤할 수 있는 목적에는, 「ために (〜하기 위해)」를 사용한다. 「컨트롤할 수 없다」라는 것은, 예를 들어「〜できる (〜할 수 있다)」「〜なる (〜 된다)」「〜 (し)ない (〜하지 않다)」등, 동작이 아닌, 상태. 이 문제문장의 「(使い)やすい (사용)하기 쉽다」도 동작이 아닌, 상태이므로, 「ために (〜하기 위해)」를 사용하지 않고, 「ように (〜하기 위해)」를 사용한다.

📝 ○「まちがえないように、よく注意する」
× 「まちがえないために、〜」

---

80 정답 3

여러분의 따뜻한 응원이 있었기 때문이야말로, 마지막까지 힘낼 수 있었습니다.

POINT 〈からこそ〉

(接続) [A からこそ B] A = 동사／い형용사 보통형, な형용사／명사 보통형 (현재형 [〜だ] [〜である])

(意味) 「A 에서, 그렇기 때문에 B」(A 는 이유, B 는 결과. 이유 A 를 강조하는 표현)

(使用法)「北の国では冬が長いからこそ、春が来たときの喜びが大きいのです」

---

81 정답 1

지갑을 잃어버렸지만, 언제 어디에서 잃어버렸는가 전혀 기억나지 않으므로, 찾을 수가 없다.

POINT 〈ようがない〉

(接続) [A ようがない] A = 동사 ます형

(意味) 「A 할 방법이 없다／전혀 A 할 수 없다」

(使用法)「砂糖も塩も油もない。これじゃ、料理のしようがない」

---

82 정답 4

그녀의 노래 소리는 듣는 사람을 감동시키는 데가 있다.

POINT 〈ものがある〉

(接続) [AにはBものがある] A = 명사, B＝동사 사전형／ない형／사역형, い형용사 [〜い], な형용사 [〜な]

(意味) 「A 에는 B 하는 무언가가 있다」

(使用法)「彼のかいた絵には人の心をとらえるものがある」

「この花の香りには私たちの心を落着かせるものがありますね」

「この映画には、どこか、なつかしいものがある」

83 정답 2

그는 테니스 선수이지만, 테니스에 한하지 않고 구기에는 자신이 있는 듯 하다.

POINT 〈に 限らず〉

접속 [A に 限らず B] A, B ＝명사

의미 「A 뿐만 아니라 B 도」

사용법 「このレストランは人気があるので、週末に限らず平日も満員になる」

84 정답 3

이렇게 심한 말을 들으면 누구라도 화내지 않을 수 없을 것이다.

POINT 〈ないではいられない〉

접속 [A ないではいられない] A ＝ 동사 ない형

의미 「A(하지) 않는 것은 힘들다／(하고) 싶은 기분이 강하다」

사용법 「美しい花を見ると、写真を撮らないではいられない。だからいつもカメラを持って歩いている」

⚠◇ 「ないではいられない」：부정의 「ない」를 중복해 사용하는 것으로 강한 긍정이 된다.

◇ 「ずにはいられない」와 같은 의미로 사용된다.

제 8 회

85 정답 1

일주일에 5 킬로나 체중을 줄이라니 그런 것 가능할 리 없어.

POINT 〈っこない〉

접속 [Aっこない] A ＝ 동사 ます형／가능형

의미 「절대로 A(하지)않다／A 할 수 없다」

사용법 「勉強がきらいな僕が東京大学になんて入れっこないよ」（入る⇒入れる（가능형）⇒入れっこない）

86 정답 4

네가 정말로 성공하고 싶다면, 다른 사람의 몇 배나 노력하는 것이다.

POINT 〈ことだ〉

접속 [A ことだ] A ＝ 동사 사전형／ない형

의미 「A(하는) 편이 좋다／A(하)거라」「A(하)지 않은 편이 좋다／A(해서)는 안된다」 충고나 조언의 표현)

사용법 「漢字を覚えるには、何度も書いて練習することだ」

「いつまでも健康でいたいなら、たばこをやめることです」

87 정답 3

우리 나라의 경제 상태가 이렇게 나빠질 것이라고는 누구도 예측할 수 없었다.

POINT 〈得る〉

접속 [A 得る] A ＝ 동사 ます형

의미 「A 할 수 있다／A 할 가능성이 있다」

사용법 「考え得る方法を全部試したけれど、失敗した」

「事故はいつでも起こり得ると考えていたほうがいい」

「あれほどまじめな彼が会社の金を不正に使うなんて、あり得ないことだ」（「あり得ない」＝「일어날 가능성이 전혀 없다」)

⚠◇ 「得る」의 읽는 법：보통형 긍정형「得(う／え)る」, 보통형 부정형「得(え)ない」, ます형「あり得(え)ます」

88 정답 4

힘든 연습에 견디기 어려워서 클럽을 그만둬 버리는 선수가 많은 듯 하다.

POINT 〈かねる〉

접속 [A かねる] A ＝ 동사 ます형

의미 「A 하는 기분이 되지 않으므로 A 할 수 없다」

사용법 「本当の病気の名を知らせかねて、私は母にうそを言った」

⚠◇ 무엇인가 심리적인 이유로 기분이 내키지 않아 「할 수 없다」 라는 뉘앙스가 있다.

◇ 「見かねて」「見るに見かねて」＝「가만히 보고 있을 수는 없으므로」

🖊 「小さい子供が泣いていた。私は見かねて、『どうしたの』と声をかけた」

89 정답 2

조금은 휴가를 얻지 않으면 너무 일을 많이 해서 병에 걸릴지도 모릅니다.

POINT 〈かねない〉

접속 [A かねない] A ＝ 동사 ます형

의미 「A 할 지도 모른다／가능성이 있다」 (A 는 좋지 않은 것)

사용법 「ブレーキの調子がよくないんです。事故を起こしかねないので、すぐに調べてください」

90 정답 3

이번에 회사를 그만두게 되어 오늘 이렇게 인사를 여쭙게 된 참입니다.

POINT 〈次第だ〉

접속 ［A 次第だ］ A ＝ 동사 보통형

의미 「A 이다」「A 라는 것이다」(이유나 사정을 설명)

사용법 「私一人の力では無理なので、あなたに協力をお願いする次第です」

⚠ ◇ 격식을 차린 경직된 표현

◇ 「次第」에는 다음과 같은 사용법도 있다.

◆ ［동사 ます형＋次第］

「家に帰り次第、連絡します」

＝「(돌아간)후, 바로」 참고 53 114

◆ ［명사＋次第だ］

📝 「合格、不合格は面接の結果次第だ」

「面接の結果次第で、合格、不合格が決まる」

＝「(면접의 결과)에 따라 결정된다」 참고 196

91 정답 1

돈이 없을 때에 한해서 친구로부터 놀자는 권유가 많다.

POINT 〈に 限って〉

접속 ［A に限って］ A ＝ 명사

의미 「A 만은 특별히」

사용법 「外で仕事をする日に限って、天気が悪くなる」

「うちの子に限って、たばこを吸ったりするはずがない、と思っている親が多いようだ」

92 정답 2

「혼자서 집 보는 거, 괜찮겠어?」

「응, 괜찮아. 왜냐면 나 이제 어린아이가 아닌 걸.」

POINT 〈もの／もん〉

접속 ［A もの (もん)］ A ＝ 동사／형용사／명사 보통형 (또는 ［보통형＋のだ／んだ］)

📝 「行く もの (もん)／行く のだもの／行く んだもの (もん)」

의미 「A 이므로」(A 는 이유)

사용법 「まだ子供だもの。わからないことがたくさんあるのはあたりまえだ」

母「食べないの?」

子「だってまだおなかがすかないもん」

⚠ 구어체에 사용된다. 「もん」은 「もの」보다, 더욱더 허물없는 상대에게 사용하는 표현이므로, 가족이나 친구들과의 대화에서 사용된다. 「だって」와 함께 사용되는 경우가 많다.

93 정답 1

사람을 속여서 돈을 빼앗았기 때문에 이것은 범죄임에 틀림없다.

POINT 〈に ほかならない〉

접속 ［A にほかならない］ A ＝ 명사

의미 「바로 A (다)」(강한 단정)

사용법 「謝るということは、自分が悪いと認めたことにほかならない。だから軽い気持ちで謝ってはいけない」

⚠ ◇ 형태는 부정형이지만, 의미는 강한 긍정.

◇ 문어체에서 사용되는 경직된 표현.

94 정답 3

이번 시험은 충분한 준비를 할 수 없었던 것에 비해 좋은 점수를 얻었다.

POINT 〈わりに〉

접속 ［A わりに B］ A ＝ 동사／い형용사 보통형, な형용사 보통형 (현재형 ［～な／～である］), 명사 보통형 (현재형 ［～の］)

의미 「A 인데 의외로 B 다」(A 에서 생각되는 것과 다른 B 다)

사용법 「彼はやせているわりに力が強い」

「この酒は、値段のわりにおいしい」

(＝싸지만 맛있다)

95 정답 4

희망하는 회사에 들어갔지만, 하고 싶은 일을 좀처럼 시켜주지 않았다.

POINT 〈ものの〉

접속 ［A ものの］ A ＝ 동사 보통형, い형용사 보통형, な형용사 보통형 (현재형 ［～な／～である］), 명사 보통형 (현재형 ［～である］)

의미 「A (이)지만」

사용법 「どうにか就職したものの、給料が安くて生活が苦しい」

「携帯電話は便利なものの、マイナス面もないとは言えない」

96 정답 1

할 수 있다면 세계에서 제일 큰 회사의 사장이 되고 싶지만.

POINT 〈ものなら〉

접속 ［A ものなら B］ A ＝ 동사 가능형, B ＝동사 ます형 ＋たい (［～ (し) たい］)

A, B 는 같은 동사이거나 혹은 A 가「できる」, B 가 가능형인 문장이 많다.

의미 「(A 할 수 없지만) 만약 가능하다면」(A 는 불가능한 것을 알고 있는 것)

（사용법）「できるものなら、宇宙旅行をしたい」「なれる
ものなら、世界一の金持ちになりたい」

⚠️ A가 동사 의지형인 경우도 있다. 「만약 A를 한다면, 굉장한 일
(B)이 된다」라는 의미.

📝「A 先生は厳しい。遅刻でもしようものなら、大き
な声でしかられる」
「マスコミはうるさい。有名人が事故を起こそうもの
なら、大騒ぎをする」

97 정답 3

도심에 사는 것은 통근에 편리한 반면, 조용한 생활을 할 수 없
다는 문제도 있다.

POINT 〈半面／反面〉

（접속）[A 半面（反面）B] A ＝ 동사／い형용사 보통형,
な형용사／명사 보통형 [현재형 [～な] [～である]]

（의미）「A 하지만 그래도 한편으로 B」（A와 B는 대립
하는 것）

（사용법）「彼女は頭がいい半面、やさしさに欠けるという
欠点がある」「この国は天然資源が豊富な半
面、技術力が不足している」

98 정답 2

그녀는 가수로서 활약할 뿐만 아니라 여배우로서도 성공하고
있다.

POINT 〈のみならず〉

（접속）[A のみならず、B も] A ＝ い형용사 [～い], な
형용사 [～である], 명사

（의미）「A 뿐만 아니라 B 도」

（사용법）「人間のみならず動物にもガンなどの成人病が
ある」
「彼女は美しいのみならず、人柄もすばらしいの
で周囲の人から愛されている」

⚠️ 문어체에서 사용하는 경직된 표현

99 정답 2

단지 열심히 일하면 좋다는 것은 아니다. 효율이 좋은 일하는
방법을 노력하자.

POINT 〈というものではない／というものでもない〉

（접속）[A というものではない／というものでもない]
A ＝ 문장 (동사／형용사／명사 보통형)

（의미）「반드시 A 인 것은 아니다」（A 의 생각이나 평가
를 부정）

（사용법）「お金があれば幸せでしょうか。いいえ、お金が
あれば幸せだというものでもありません。お金
があるのに幸せではない人もたくさんいます。」

⚠️ 앞 문장(생각이나 평가)를 부정한다. ＝「わけではない」

📝「お金があれば幸せだ」의 부정형은
✕「お金があれば幸せではない」
○「お金があれば幸せだというものではない（＝と
いうわけではない）」

100 정답 1

오늘 저희 가게에서는 서비스권을 갖고 계신 손님에 한해,
50% 할인 해 드립니다.

POINT 〈に 限り〉

（접속）[A に限り] A ＝ 명사

（의미）「A 만 특별히」

（사용법）「5 月 5 日の『子供の日』は、12 歳以下の子
供に限り、無料で動物園に入場することができ
る」

101 정답 2

그 문제의 대책은 현재 내부에서 검토하고 있는 중입니다. 답변
은 조금 더 기다려 주십시오.

POINT 〈最中〉

（접속）[A 最中だ／A 最中に] A ＝ 동사「ている」의 형,
い형용사 [～い] , 명사 [～の]

（의미）「막 A(하)고 있을 때」

（사용법）「映画館で映画を見ている最中に電話が鳴っ
た。あわてて電話を切った」

102 정답 4

마을을 청소하는 봉사 활동에는 우리 회사의 사장님을 비롯해
전 사원이 참가했다.

POINT 〈を はじめ〉

（접속）[A をはじめ B] A, B ＝명사

（의미）「A 를 대표하는 B」（A 는 B 의 대표적인 것）

（사용법）「この植物園には、今、バラをはじめこの季節の
花が美しく咲いています」

103 정답 2

작년 병이 난 이래, 식사의 영양 밸런스를 생각하게 되었다.

POINT 〈て 以来〉

（접속）[A て以来] A ＝ 동사 て형

（의미）「A 하고 계속」

（사용법）「子供が生まれて以来、旅行することもできない」

104 정답 3

실연의 아픔은 시간의 흐름과 함께 작아지는 것이다.

POINT 〈と ともに〉

접속 ［A とともに B］ A = 동사 사전형, 명사

의미 「A 와 함께 B」(A, B 는 변화를 나타냄)

사용법 「服装やファッションは時代とともに変わる」
「台風が近づくとともに、雨と風が強くなるので注意してください」

105 정답 1

태어났을 때부터 계속 함께 있는 이 개는 나에게 있어서 형제와 같은 존재입니다.

POINT 〈に とって〉

접속 ［A にとって (は) B は C だ］ A, B = 명사

의미 「A 에서 보면 B 는 C 다」(A 는 사람이나 생물이 많다. C 는 A 의 입장에서 본 판단이나 평가)

사용법 「子供にとって母親は太陽です。母親はそれほど大きな存在なんです」
「水は生物にとって非常に大切なものだ」

106 정답 4

태양빛 발전에 대한 연구는 매우 흥미롭다.

POINT 〈に ついて〉

접속 ［A について／A についての B］ A, B = 명사

의미 「A 에 관해／A 에 관한 B」

사용법 「来月の旅行について旅行会社の人が説明をした」
「論文を書くために、日本の江戸時代についての資料を集めています」

⚠ 「Aについて」의 문장의 끝의 「話す／聞く／書く／読む／説明する／質問する／勉強する／調べる」등이 많다.

107 정답 4

아침은 늦잠을 잤기 때문에 아침밥을 못 먹고 왔습니다.

POINT 〈ぬき〉

접속 ［A ぬきで／ぬきに］［A ぬきの B］ A, B = 명사

의미 「A 없이」「A 가 없는 B」

사용법 「冗談ぬきでまじめに話そう」
「今日は車で来ましたから、アルコールぬきの食事でがまんします」

⚠ ◇ 「ぬき」는 동사 「抜く」의 명사형.
◇ A 는 보통은 있는 것이 당연한 것, 하는 것이 당연한 것
◇ 「Aをぬきにして～ない」라는 문장도 있다. 「A 가 없으면 ～ 할 수 없다」「A 가 없으면 ～ 없다」라는 의미

📝 社長をぬきにして会議をすることはできない。
참고 156

108 정답 2

이 프로그램에 대한 의견이나 감상을 기다리고 있습니다.

POINT 〈に 対する〉

접속 ［A に対する B］ A, B = 명사

의미 「A 에의 B／A 에 향한 B」(B 는 「의견／평판／비평／흥미／관심」, A 는 B 의 대상

사용법 「質問に対する答え」
「子供に対する親の愛」
「世界各国で環境問題に対する対策を検討している」

제 10 회

109 정답 2

이 시계는 아버지가 나에게 고등학교 입학 선물로 준 것입니다.

POINT 〈として〉

접속 ［A として］ A = 명사

의미 「A 라는 역할／입장에서／자격으로」

사용법 「彼女は通訳として働きながら、家庭では 2 人の子供の母親として忙しく過ごしている」
「富士山は日本を代表する山として世界に知られている」

110 정답 4

인터넷 쇼핑을 이용하는 사람의 증가에 따라 가게에서 물건을 사는 사람의 수가 줄고 있다.

POINT 〈に 伴って〉

접속 ［A に 伴って B］ A = 동사 사전형, 명사

의미 「A 와 함께 B」(A, B 는 변화를 나타낸다)

사용법 「都市化が進むに伴って子供の遊ぶ場所が少なくなっている」
「経済の悪化に伴って、失業者が増えている」

111 정답 4

백합 꽃을 볼 때마다 이 꽃을 좋아했던 어머니가 생각난다.

POINT 〈たび／たびに〉

접속 ［A たび (に)］ A = 동사 사전형, 명사 ［～の］

의미 「A(할) 때는 늘」

사용법 「田中さんは会うたびに娘の自慢話をする」
「この地方は台風が来るたびに大きな被害を受ける」

「旅行の**たびに**写真をたくさん撮るので、整理が大変だ」

112 정답 1

선생님이 수술해 주신 덕분에 건강해졌습니다.

POINT 〈おかげ〉

접속 ［Ａ おかげで Ｂ］［Ｂ は Ａ おかげだ］ Ａ ＝ 동사／い형용사 보통형, な형용사 보통형（현재형［〜な］）, 명사 보통형（현재형［〜の］）

의미 「Ａ 덕분에 Ｂ(다)」(Ａ는 화자가「다행이다, 고맙다」라고 생각하는 것)

사용법 「病気の発見が早かった**おかげで**、もうすっかり元気になりました」

「人間は太陽と水の**おかげで**生きることができる」

「難しい言葉の意味がわかったのは、先生のていねいな説明の**おかげです**」

⚠◇「Ａ가 좋았다, 기쁘다, 감사하다」라는 기분이 들어가 있는 표현.
◇일반적으로, 좋은 결과가 되었을 경우 사용한다. 그러나 비꼬는 의미로, 나쁜 결과의 경우에도 사용한다.

📝「わがままな妹の**おかげで**、私はいつも損をしている（버릇없는 동생 덕분에, 나는 언제나 손해를 보고 있다）」

113 정답 3

어려운 곡이었지만, 반복해서 부르는 동안에 부를 수 있게 되었다.

POINT 〈うちに〉

접속 ［Ａ うちに Ｂ］ Ａ ＝ 동사 사전형／「ている」의 형

의미 「Ａ(하는)사이에 점점 Ｂ」(Ａ는 이어지는 동작, Ｂ는 변화를 나타내는 문장)

사용법 「はじめは下手でも、練習する**うちに**だんだん上手になりますよ」

「校長先生の長いスピーチを聞いている**うちに**眠くなってしまった」

⚠「うちに」에는「〜이 끝나기 전에」라는 사용법도 있다.

📝 若くて元気な**うちに**世界を旅行したい。

114 정답 4

수리가 끝나는 대로 연락 드리겠습니다.

POINT 〈次第〉

접속 ［Ａ 次第、Ｂ］ Ａ ＝ 동사 ます형

의미 「Ａ(한) 뒤 바로 Ｂ하다」

사용법 「天気がよくなり**次第**、すぐに出発しましょう」

⚠「次第」에는 다음과 같은 사용법도 있다.

◆ ［문장＋次第だ］：참고 90

📝「みなさまの**おかげ**で、こうしてこの会社で働くことになった**次第です**」여러분 덕분에, 이렇게 이 회사에서 일하게 된 것입니다. 격식을 차린 경우에, 그 일의 경위와 이유, 사정 설명 등에 사용한다. ＝「……**わけです**」

◆ ［명사＋次第だ］：참고 196

📝「成功はあなたの努力**次第だ**」＝「(노력이 많은지 적은지)에 따라 정해진다」

115 정답 2

경찰은 범인의 얼굴을 본 사람의 이야기를 토대로 몽타주를 그렸다.

POINT 〈を もとに／もとにして〉

접속 ［Ａ をもとに／もとにして］ Ａ ＝ 명사

의미 「Ａ를 기초로 해서／Ａ에서」

사용법 「インターネットで得た情報**をもとに**レポートを書いた」

「このドラマは事実**をもとにして**作られています」

116 정답 3

비로 캠프가 중지되었다. 그 대신에 집에서 파티를 했다.

POINT 〈かわりに〉

접속 ［Ａ かわりに］ Ａ ＝ 동사 사전형, 명사［〜の］

의미 「Ａ(하지)않고, Ａ대신에」(Ａ는 예상이나 습관 등 정해진 것)

사용법 「新聞を読む**かわりに**インターネットで世界の出来事を知ろうとする人が増えている」

「入院した南田先生の**かわりに**北山先生が授業をした」

117 정답 4

감기약을 먹은 탓인지 왠지 졸리다.

POINT 〈せいか〉

접속 ［Ａ せいか Ｂ］ Ａ ＝ 동사／い형용사 보통형, な형용사 보통형（현재형［〜な］）, 명사 보통형（현재형［〜の］）

의미 「Ｂ는 아마 Ａ(이기)탓일 것이다」(Ｂ는 결과, Ａ는 생각되는 이유)

사용법 「最近よく運動をしている**せいか**、体の調子がいい」

「準備不足の**せいか**、満足のできるレポートが書けなかった」

⚠「せい」의 사용방법 :「せいか(탓인가)」는「おかげ(덕분)」의 반대의미의 명사인「せい(탓)」에「か(인가)」를 붙인 표현.「せいだ(〜탓이다)」는 보통 결과가 좋지 않을 경우 사용되지만,「せいか」는 좋고 나쁨에 관계없이 어느 쪽에도 사용된다.

118 정답 1

수입에 따른 생활을 하지 않으면 돈은 아무리 있어도 부족하다.

POINT 〈に 応じた〉

접속 ［A に応じた B］ A, B＝명사

의미 「A 에 맞춘 B」

사용법 「無理をしないで、能力に応じた仕事をするほうがいい」
「この店のアルバイトは時給制だから、働いた時間に応じた給料が支払われる」

⚠ 「Aに 応じてBする」라는 문장도 있다.

✒ 給料は、働いた仕事の時間に応じて支払われる。

119 정답 1

마지막 전철을 놓쳐서 곤란해 하고 있는 때에 마침 택시가 왔기 때문에 그것에 탔다.

POINT 〈ところに／ところへ〉

접속 ［A ところに／ところへ B］ A＝동사 사전형／た형／「ている」의 형, い형용사［〜い／〜かった］, な형용사［〜な］, 명사［〜の］

의미 「마침 A(의) 때」(A 는 「곳, 장소」가 아니라 「상황」을 나타낸다.

사용법 「みんなでヒロシの噂話をしているところに、本人が来たので、びっくりした」
「苦しいところにあなたの助けがあって、ありがたかった」
「何もすることがなくてたいくつなところへ、仕事を頼みたいという電話がかかってきたので、すぐに引き受けた」

120 정답 3

저 유도 선수는 강한 데다가 잘 생겨서 젊은 사람에게 인기가 있다.

POINT 〈うえに〉

접속 ［A うえ／うえに B］ A＝동사／い형용사 보통형, な형용사 보통형(현재형［〜な／〜である］), 명사 보통형(현재형［〜の／である］)

의미 「A 뿐만 아니라 게다가 B」

사용법 「夏の東京は気温が高いうえに湿気も増すので、とても蒸し暑い」
「彼女は美人のうえ大金持ちだ」

⚠ 「〜上で」는 다른 표현.

✒ それについてはよく調べた上で、お返事します。

제 11 회

121 정답 2

현지에 사는 친구를 통해서 올림픽 입장권을 손에 넣었다.

POINT 〈を 通して〉「を通じて」 참고 214

접속 ［A を通して］ A＝명사

의미 「A 를 사이에 넣고 ／수단으로」

사용법 「叔父を通して大臣のS氏と知り合うことができた」

⚠ 「〜を通じて」도 비슷하게 사용된다

✒ テレビやインターネットを通じて世界の情報を手に入れることができる。

122 정답 3

앙코르 박수에 답해, 밴드 멤버는 재차 무대에 등장했다.

POINT 〈に こたえて〉

접속 ［A にこたえて］ A＝명사

의미 「A 에 맞춰」

사용법 「視聴者の希望にこたえて、放送局はその番組を再放送することにした」
「その歌手は、観客の拍手にこたえて、最後にプログラムにはない曲を歌った」

123 정답 1

고속도로는 사고 때문에 P 마을에서 Q 마을까지 10 킬로에 걸쳐 통행 중지가 되었다.

POINT 〈に わたって〉

접속 ［A にわたって］ A＝명사

의미 「A 의 기간 또는 범위에서」(A 는 기간 / 거리 / 페이지 행 등 범위를 나타내는 말) 기간이 많거나 범위가 넓다라는 의미도 있다.

사용법 「数時間にわたってその問題を話し合ったが、解決しなかった」

⚠ B 가 명사인 경우 : ［Aに わたるB］［Aに わたってのB］
　　　　　　　　　　　　　［Aに わたったB］

✒ 「10 時間にわたる停電」
「10 時間にわたっての停電」
「10 時間にわたった停電」

124 정답 2

그녀는 스스로는 요리를 하지 않는 주제에 슈퍼에 가면 채소나 고기를 대량으로 사 들인다.

POINT 〈くせに〉

접속 ［A くせに B］ A＝동사／い형용사 보통형, な형용사 보통형(현재형［〜な］), 명사［〜の］

의미 「A 인데 B」

사용법 「知っている**くせに**教えてくれない」
「体が弱い**くせに**健康に気をつけない」
「子供の**くせに**お酒を飲んでいる」
「医者の**くせに**健康に気をつけない」

⚠ 강조적인 표현. B 인 것을 비난하거나, 불만으로 여기는 기분을 나타낸다.

---

125 정답 4

이 일을 좋아하니까 말로 괴로운 일이 있어도 지금까지 계속할 수 있던 것이라고 생각한다.

POINT 〈からこそ〉

접속 [A からこそ B]　A = 동사／い형용사／な형용사 보통형, 명사 보통형 (현재형 [～である])

의미 「A 에서, 그렇기 때문에 B」 (A 는 이유, B 는 결과. 이유 A 를 강조하는 표현)

사용법 「愛している**からこそ**、子供を厳しく教育するのです」
「目が見えない人だ**からこそ**、あれほど感覚が鋭いのでしょう」

---

126 정답 3

20 분밖에 타지 않았는데 기분이 나빠져 버렸다. 헬리콥터 따위 이제 두 번 다시 타고 싶지 않다.

POINT 〈なんか〉

접속 [A なんか B]　A = 명사

의미 「A 따위 / A, 이것은 B」 (A 를 강조. B 는 주장, 판단, 감정 등)

사용법 「もう勉強**なんか**やりたくない」
「こんなに天気のいい日は仕事**なんか**しないで公園へ散歩に行きたいね」

⚠ ◇ 구어체이다. 문어체에서는 「など」를 쓴다.
◇ A 가 명사가 아닌, 문장(동사, 형용사) 의 경우는 「なんて」를 사용한다.

📝 こんなに天気のいい日に家の中で<u>仕事をする**なんて**</u>、いやだなあ。<u>仕事**なんか**</u>したくない。

---

127 정답 2

이 나라는 노동 인구가 많은 것에 더해, 자원이 풍부하니까 앞으로 점점 발전이 기대된다.

POINT 〈に加えて〉

접속 [A に加え／加えて B]　A = 명사

의미 「A, 게다가 B／A 뿐만 아니라 B」

사용법 「P 国では近年の経済の悪化**に加えて**、今年、地震が発生した。国民の生活はますます苦しくなっている」

---

128 정답 3

인터넷 사이트에는 아이의 교육상 좋지 않은 것도 있다.

POINT 〈上〉

접속 [A 上／上は]　A = 명사

의미 「A 적으로／A 에 관련하는 것으로／A 에서 봐서」

사용법 「私たちは、法律**上**は夫婦ではないが、一緒に暮らしている」
「私は健康**上**の理由と美容**上**の、両方の理由からダイエットをしています」

---

129 정답 2

그 어머니는 다른 사람이 보고 있는 것에 상관없이 큰소리로 딸을 혼냈다.

POINT 〈も かまわず〉

접속 [A もかまわず B]　A = 명사, 文＋こと／の

의미 「A 를 신경쓰지 않고 B(하다)」

사용법 「その女性は人目**もかまわず**泣いていた」
「『禁煙』と書いてあるの**もかまわず**たばこを吸っている人がいる」

---

130 정답 3

쓰레기 수집 유료화를 둘러 싸고 시민 사이에 여러 가지 의견이 나오고 있다.

POINT 〈を めぐって〉

접속 [A をめぐって]　A = 명사, 문장＋こと／か (どうか)

의미 「A 에 대해／A 에 관해」 (A 문제, 과제, 관심사 등)

사용법 「娘の結婚問題**をめぐって**、夫婦の意見が対立している」
「修理の費用をだれが出すか**をめぐって**、話し合いが行われた」

---

131 정답 4

퇴직하신 선생님에게 감사의 기분을 담아 학생들이 편지를 썼다.

POINT 〈を こめて〉

접속 [A をこめて]　A = 명사

의미 「A 를 담아서」

사용법 「料理は、食べる人のために心**をこめて**作るものです」

「選手に勝ってほしいという願いをこめて、応援しています」

◇ A 는 추상적인 명사. 자주 사용하는 것은 : 心／気持ち／愛情／願い／期待 등

132 정답 3

우리 아들은「다녀왔습니다」라고 말하나 했더니, 이미 게임을 시작하고 있다.

POINT 〈かと思うと／思ったら〉

접속 ［A かと思ったらB］ A ＝ 동사 た형

의미 「A 와 거의 동시에 B 가 일어나다」(A 에서 B 로 빠른 변화가 일어나다)

사용법 「子供はすぐに泣く。そして、泣いたかと思ったら、もう笑う」

⚠ 비슷한 표현 :「と思うと／と思ったら」

📌 晴れたと思うと、雨が降ってくる。変な天気から、傘が手離せない。

제 12 회

133 정답 1

엄마가 입원했다는 연락을 받고 걱정한 나머지 어젯밤은 잘 수 없었다.

POINT 〈あまり〉

접속 ［A あまり］ A ＝ 동사 사전형, 명사 ［～の］

의미 「매우 A 이므로」

사용법 「彼は自然を愛するあまり、生まれ育った都会を離れて、田舎での生活を始めた」

⚠ 감정·강감을 나타내는 형용사의 명사형(い형용사［～い］→［～さ］)를 자주 사용.

📌 「うれしさのあまり 기쁜 나머지」
「痛さのあまり 아픈 나머지」

134 정답 3

일본에 막 온 무렵은 서쪽도 동쪽도 몰라서 혼자서 전철에 타는 것조차 할 수 없었다.

POINT 〈さえ〉

접속 ［A さえ］ A ＝ 명사

의미 「A 도」(A 는 보통 가능한 것)

사용법 「ヤンさんはひらがなを書くことさえできない」(당연히 한자는 쓸 수 없다)「そんな簡単なことは子供でさえわかる」(당연히 어른은 안다)

⚠ ◇「～さえ＋긍정형 (～조차 + 긍정형)」:「보통이 아닌 것이 가능하다」라는 것이므로,「그것 이외의 것은 물론 가능하다」라는 의미를 나타낸다.

📌 彼は日本文学についてさえ日本語で話せる。 그는 일본문화에 대한 것조차 일본어로 얘기할 수 있다 (당연히, 보통생활의 화제에 대해 일본어로 얘기를 아주 잘 할 수 있다)

135 정답 4

내가 알고 있는 한에서는 그는 성실하고 정직한 사람이다. 그런 심한 일을 할 리가 없다고 생각한다.

POINT 〈かぎりでは〉「かぎり」참고 32

접속 ［A かぎりでは］ A ＝ 동사 사전형／た형

의미 「A 의 범위에서 생각하는 것」(A 는 知る, 見る, 聞く, 調べる 등)

사용법 「私が見たかぎりでは、このクラスには体調の悪い学生はいないようです」
「私が聞いているかぎりでは、この道路工事は今月いっぱいかかるそうだ」

⚠ 뒤에 이어지는 문구로는, 자기자신이 생각했거나, 추측했던 내용이오다.

136 정답 2

몇 개월이나 생각한 끝에 그녀는 회사를 그만둔다는 결론을 내렸다.

POINT 〈末に〉

접속 ［A 末に］ A ＝ 동사 た형, 명사 ［～の］

의미 「A(한) 끝에／A(한) 결과」

사용법 「あれこれ迷った末に、何も買わずに帰ってきた」
「激しい議論の末に、新しい商品の開発計画を変更することになった」

⚠ 장기간, 큰일을 겪어 마지막에 어떠한 결과가 되었는지를 나타낸다.

137 정답 3

난감하게도 아무리 생각해도 신세 진 저 선생님의 이름이 생각나지 않는다.

POINT 〈ことに〉

접속 ［A ことに］ A ＝ 동사 た형, い형용사［～い］, な형용사［～な］

의미 「매우 A 인 것은」(A 는 기분을 나타내는 말)

사용법 「驚いたことに、もうさくらの花がさいている」
「うれしいことに、娘が大学に合格した」
「残念なことに、今回のオリンピックでは金メダルが一つも取れなかった」

138 정답 1

오사카에 있는 친구를 방문했다. 그녀는 길을 안내해 주었을 뿐 아니라 선물까지 사 주었다.

POINT 〈ばかりか〉

접속 ［A ばかりか B］ A = 동사 보통형, い형용사 ［～い］, な형용사 ［～な］［～である］, 명사

의미 「A 뿐만 아니라 B 도」 (B 쪽을 강조한다)

사용법 「彼は大学に合格したばかりか、奨学金までもらえることになった」

「この花は色がきれいなばかりか、香りもすばらしい」

139 정답 2

「조금 더 기다려 주세요.」라는 메일이 온 것을 끝으로, 며칠이 지나도 답변이 오지 않는다. 무슨 일일까.

POINT 〈きり〉

접속 ［A きり／きりだ／きりで］ A = 동사 た형

의미 「A(한)채로」 (A 후에 상태에 변화가 없다)

사용법 「兄は『ただいま』と言ったきり、何も言わずに自分の部屋に入って出てこなかった」

「ビルさんは、アメリカに帰国したきりで、その後何の連絡もない。元気だろうか」

140 정답 2

우리 집 경제 상태를 생각하면 두 명의 아들을 사립 대학에 진학시키다니 무리다.

POINT 〈からいって〉

접속 ［A からいって］ A = 명사 참고 33

의미 「A 를 생각하면」「A 를 생각해서 말하면」

사용법 「彼の性格からいって、営業の仕事は合わないだろう」

「この成績からいって、彼が大学に合格するのは間違いない」

⚠ 「からといって」는 다른 표현

✍ 勉強したからといって、合格するとは限らない。

141 정답 3

맨션 건설 공사를 시작함에 즈음하여 근처 주민에게 인사의 편지가 보내졌다.

POINT 〈にあたって〉 참고 253

접속 ［A にあたって］ A = 동사 사전형, 명사

의미 「A 의 때에」 (A 는 커다란 것, 특별한 것)

사용법 「結婚をするにあたって、お互いの家族を紹介し合った」

「卒業にあたって、お世話になった先生方にお礼を言いたいと思っている」

⚠ 격식을 차린 표현. 작은 일, 일상적인 일 등에는 사용하지 않는다.

× 「駅で電車に乗るにあたって」

142 정답 2

기술이 뛰어난 피아니스트는 그 밖에도 있지만, 표현력에 있어서는 그녀에 따를 사람은 없다.

POINT 〈にかけては〉

접속 ［A にかけては］ A = 명사

의미 「A 는」 (A 는 뛰어난 능력이나 매우 잘하는 것)

사용법 「私は、料理にかけてはプロにも負けない自信がある」

143 정답 1

새로운 가게의 개점함에 있어서 신문에 광고를 실었다.

POINT 〈に際して〉

접속 ［A に際して］ A = 동사 사전형, 명사

의미 「A 할 때에／A 의 때에」 (A 는 큰 것, 특별한 것)

사용법 「その国は入国に際して、ビザが必要だ」

「火事で焼けた寺の建設に際して、関係者が寄付をすることになった」

⚠ 격식을 차린 경직된 표현. 개인적인 작은 일, 일상적인 일 등에는 사용하지 않는다. 사회적인 내용이 많다.

× 「朝、学校に行くに際して」

144 정답 1

담배를 피우는 사람으로서는 직장의 금연은 심한 제도이다.

POINT 〈にしたら〉

접속 ［A にしたら］ A = 명사

의미 「A 의 입장에서 생각하면」 (A 는 사람이나 기관)

사용법 「親は楽しそうにテニスをしているが、コートの外で待たされている子供にしたら退屈でたまらないだろう」

「新しい空港ができたが、航空会社にしたら利用者が少ない空港はありがたくないだろう」

⚠ 사람이나 기관의 입장이 되어, 그 사람이나 기관의 생각을 추측한다.

제 13 회

145 정답 2

이 노래를 들을 때마다 남편과 처음 만났을 때의 일이 생각나서 그리운 기분이 된다.

POINT 〈につけ〉

接続 [Aにつけ] A＝동사 사전형, い형용사[～い], 명사

의미 ① A＝동사 (見る, 聞く, 考える, 思う 등)
「A 할 때는 늘」
② A＝명사 (「何～」) 「어떤 경우에도」 「어떤 때도」

사용법 「この曲を聞くにつけ、学生時代を思い出す」
「母は何事につけ、がんばれ、がんばれと言う」

⚠ 「い형용사+につけ」의 문장 :「A につけ、B につけ」 A, B 에 같은 종류의 단어를 나열한다.

✏ うれしいにつけ、悲しいにつけ、人は酒を飲む。

146 정답 4

시험 점수가 나빴던 것은 차치하고라도 그것을 감추려고 한 아들의 행동을 용서할 수 없다.

POINT 〈は ともかく／ともかくとして〉

접속 [A はともかく (として)] A＝명사, 문장+の／こと

의미 「A 는 둘째치고」 「지금은 A 를 생각하지 않고」

사용법 「この服は、色はともかく、デザインがよくない」
「貸した本を失くしたのはともかく、借りてないとうそを言うなんてひどい」

147 정답 2

일본 애니메이션을 보고 감동한 것을 계기로 일본어 공부를 시작했다.

POINT 〈を きっかけに〉

접속 [A をきっかけに B] A＝명사, 문장+の／こと

의미 「A 가 시작으로 그 뒤, B」

사용법 「二人は、電車の中で話したのをきっかけに交際を始めた」

⚠ 「を契機に (～을／를 계기로)」도 같은 의미로 사용되나,「契機」는 「きっかけ」보다 경직된 표현.

✏ アメリカの大企業が倒産したのを契機に、世界中の景気が悪化した。 미국의 대기업이 도산한 것을 계기로, 전세계의 경제가 악화되었다.

148 정답 4

금연한다고 결정한 이상은 이제 절대로 담배는 피우지 않을 각오가 되어 있다.

POINT 〈上は〉

접속 [A 上は] A＝동사 사전형／た형

의미 「A 인 이상, A 이기 때문에 당연히」

사용법 「イギリスに留学する上は、しっかり勉強して英語が自由に使えるようになりたい」

「この建物が壊されると決まった上は、写真をたくさん撮っておきたい」

149 정답 2

지진 때는 엘리베이터를 사용하지 말고 계단을 사용할 것.

POINT 〈際〉

접속 [A 際に／際は] A＝동사 사전형／た형, 명사[～の]

의미 「A 의 때에 (때는)」 「A 의 경우에」 (A 는 큰 것, 특별한 것)

사용법 「非常の際は、非常階段を使用すること」
「お帰りの際にお部屋のかぎをフロントにお返しください」

⚠ 격식을 차려 경직된 표현. 문어체로 사용된다. 작은 일, 일상적인 일에는 사용되지 않는다

✕ 「今朝起きた際に」

150 정답 3

비행기를 전화로 예약했다. 티켓은 당일 공항에 간 후가 아니면 받을 수 없다.

POINT 〈て からでないと〉

접속 [A てからでないとB] A＝동사 て형

의미 「B 의 전에 A 하지 않으면 안된다」 「A 하지 않으면 B 할 수 없다」

사용법 「この店では、先にお金を払ってからでないと食事ができない」
「この大学院は、教授が承認してからでないと、研究生の申し込みができない」

151 정답 2

옆방에 있는 아들에게「밥 먹어라.」라고 말을 했더니, 이쪽에 오기는커녕 대답도 하지 않는다.

POINT 〈どころか〉

접속 [A どころか B] A＝동사／い형용사 보통형, な형용사 보통형 (현재형 [～な] [～である]), 명사 보통형 (현재형[～] [～である])

의미 「A 는 커녕 B」 (A 는 당연히 예상되는 것, B 는 예상하기 어려운 것)

사용법 「タンさんは日本語の勉強を始めて 6 か月だが、漢字どころかひらがなもまだ書けない」
「彼は車どころか、船も持っているそうだ」

⚠ B 의 내용이 화자의 예상 이상임을 강조한다.

문장의 문법 1 문장의 문법 2 글의 문법

152 정답 1

그가 말하는 것은 맞다고 한다면 내가 틀린 것이 된다.

POINT 〈としたら〉

접속 ［Aとしたら］ A＝동사／い형용사 보통형, な형용사／명사 보통형（현재형［〜だ／〜である］）

의미 「만약 A 라면」

사용법 「家を買うとしたら、海のそばがいい」
「私が市長になったとしたら、まずごみの問題を解決したい」
「彼が犯人だとしたら、動機はいったい何だろう」

153 정답 4

남편은 집안일을 절반 도와준다고 하면서 전혀 도와 주지 않는다.

POINT 〈ながら／ながらも〉

접속 ［A ながら（も）］ A＝동사 ます형, い형용사, な형용사［〜］［〜であり］, 명사［〜］［〜であり］

의미 「A 인데／이지만」

사용법 「あの子は、子供ながらしっかりした考え方をもっている」
「彼はすべてを知っていながら、話してくれない」
「私たち家族は、貧しいながらも元気に暮らしています」

⚠ 자주쓰는형태 「残念ながら」＝「残念ですが」,「勝手(かって)ながら」＝「勝手ですが」

✐ 残念ながら、今度の計画はうまくいかなかった。
勝手ながら、本日は営業を休ませていただきます。

154 정답 2

그녀는 다이어트 중이라고 말하는 것 치고는 잘 먹는다.

POINT 〈にしては〉

접속 ［Aにしては］ A＝동사／형용사 보통형, な형용사 보통형（현재형［〜］［〜である］）, 명사 보통형（현재형［〜］）

의미 「A 이지만」「A 치고는」

사용법 「これは、80 歳の画家がかいたにしては力強い絵だ」

⚠ A 로 인해 예상할 수 있는 내용과 다르다는 것을 나타낸다.
◇「わりに」도 비슷하게 사용된다.

✐ この店の料理は、値段が高いわりにおいしくない。

155 정답 3

이 스포츠 대회는 승패에 관계없이 참가하는 것에 의미가 있다.

POINT 〈に かかわらず〉

접속 ［A にかかわらず］ A＝명사, 동사／형용사의 긍정형과 부정형, 또는 반대의 의미를 갖는 두 단어

의미 「A 에 관계없이」

사용법 「本社は、性別にかかわらず社員を採用する」
「本社は、男か女かにかかわらず営業成績で評価する」「勝つか負けるかにかかわらず、スポーツを楽しもう」

⚠ 「にもかかわらず」는 다른 표현으로 의미가 다르다(~임에도 불구하고)

✐ 「台風にもかかわらず、引っ越しをした」＝「台風なのに、〜(태풍인데~)」

156 정답 1

현대 세계 경제는 발전이 진행되는 그 나라를 빼고는 말할 수 없다.

POINT 〈を ぬきにして〉「ぬきで」참고 107

접속 ［Aをぬきにして］ A＝명사

의미 「A 가 없는 상황에서」「A 없이」

사용법 「社長をぬきにして会議を始めた」
「あいさつをぬきにして、さっそく本題に入った」
「今夜は遠慮をぬきにして、ゆっくり飲みましょう」

⚠◇「ぬき」는 동사「抜(ぬ)く」의 명사형
◇ A는 보통은 있는 것이 당연한 것, 하는 것이 당연한 것
◇「〜ぬきの＋명사」의 형태도 있다.

✐ 「アルコールぬきの食事」
◇「〜ぬきで／ぬきに」도 비슷하게 사용된다.
「あいさつぬきで、さっそく本題に入ろう」

◇［Aをぬきにして〜ない］라는 문장도 있다.
「A 가 없으면 ~ 할 수 없다」「A 가 없는 ~ 없다」라는 의미이다.

✐ 社長をぬきにして会議をすることはできない。

제 14 회

157 정답 3

가게에 손님을 불러모으기 위해서 오늘은 유명인이 하루만 점장으로서 와 주었다.

POINT 〈として〉

접속 ［Aとして］ A＝명사

의미 「A 라는 역할에서／입장에서／자격에서」

사용법 「この作品は、小説としてはそれほどでもないが、映画としては実におもしろい」
「この大学は日本で最初につくられた大学として有名である」

정답 2

브레이크에 문제가 있다는 것 안 이상은 이 차를 판매하는 것은 할 수 없다.

POINT 〈以上〉

접속 [A 以上 (は)] A = 동사 사전형／た형

의미 「A だから」

사용법 「この試合に負けてしまった以上、オリンピックに 出る夢はあきらめるしかない」

「出席すると言った以上は、忙しくても行かなけ ればならない」

158 정답 4

중요한 서류이니까 잊지 않으려고 생각했으면서도 가지고 오 는 것을 잊어 버렸다.

POINT 〈にも かかわらず〉

접속 [A にもかかわらず] A = 동사／い형용사 보통형, な형용사 보통형 (현재형 [〜である]), 명사 보통형 (현재형 [〜] [〜である])

의미 「A 인데도 불구하고」

사용법 「悪天候にもかかわらず、マラソン大会が行われた」

「値段が高いにもかかわらず、このゲームソフト はよく売れている」

「医者に止められたにもかかわらず、彼は酒を飲 み続けた」

「彼は学生であるにもかかわらず、多額の収入 を得ている」

⚠ [Aにかかわらず]는 다른 표현으로 「A 에 관계없이」라는 의미 이다.

✏ 天候にかかわらず、マラソン大会は行われる。

160 정답 3

콩쿠르에서 상을 받은 만큼 이 작품은 훌륭하다.

POINT 〈だけあって〉

접속 [A だけあって B] A = 동사／い형용사 보통형, な 형용사 보통형 (현재형 [〜な]), 명사 보통형 (현재 형 [〜])

의미 「A 이므로 역시 B」 (B 는 A 에서 예상되는 좋은 것)

사용법 「彼は日本で日本語を勉強しただけあって、話 すのが上手だ」

「この店は有名なだけあって、料理の味も雰囲気 もすばらしい」

「リンさんは中国人だけあって、漢字の知識が豊 富だ」

⚠ 「だけあって」는 「だけに」와 같은 의미이다. 「Aだけに (A 한 만큼)」는 A 로 부터 예상할 수 있는 좋은 결과에도 좋지 않은 결과에 도 사용되지만, 「Aだけあって (A 한 만큼)」는 좋은 결과에만 사용 된다.

161 정답 1

일이 빠른 다나카 씨이니까 회의 자료는 이미 되어 있을 것이겠죠.

POINT 〈ことだから〉

접속 [A ことだから B] A = 명사 [〜の]

의미 「A 이므로 B」 (A 는 대부분의 경우 「사람」. B 는 그 사람의 성격이나 평소의 습관, 모습에서 예상 되는 것)

사용법 「ヤンさんはまだ来ない。彼のことだから、ゲー ムをしすぎてまだ寝ているにちがいない」 (ヤン さん은 게임을 좋아하는 사람)

162 정답 2

「한다」라고 말한 이상에는 반드시 한다.

POINT 〈からには〉

접속 [A からには B] A = 동사 보통형, 명사 [〜である]

의미 「A(이)니까」 (A 는 이유, B 는 화자의 강한 생각)

사용법 「オリンピックで戦うからには、メダルを取りたい」

「日本に留学したからには、日本語をマスターし て国に帰ろうと思っている」

163 정답 4

「옆 방에 있는 것은 다나카 씨일까요?」

「아니, 저 웃음 소리로 보아 과장님이 아닙니까?」

POINT 〈からすると〉

접속 [A からすると B] A = 명사

의미 「A 로 추측하면 B」 (A 는, 판단 · 추측의 근거. B 는 A 로부터 판단, 추측되는 내용)

사용법 「足跡からすると、どろぼうはこの窓から入ったよ うだ」

「あの言い方からすると、彼女は何か知っている ようだ」

⚠ B 의 문말에는 추측의 표현 「らしい／ようだ／みたいだ／と 思われる」등이 온다.

◇ 「Aからすると」에는 「Aの立場から見ると」라는 의미의 사용 범도 있다.

✏ 子供からするとうるさいのだろうが、親からすると心 配で放ってはおけない。

164 정답 3

「여름 방학, 함께 여행가지 않을래?」

「미안, 여름 방학에는 논문 자료 수집으로 바빠서 여행갈 때가 아니야.」

POINT 〈どころではない〉

접속 [A どころではない] A＝동사 보통형, い형용사 보통형, な형용사[～], 명사

의미 A는 생각할 수 없다 / 어처구니 없다 / 전혀 ～ 지 않다(A를 강하게 부정)

사용법 「この島は飲み水も足りないのだから、シャワーどころではない」

165 정답 2

「사토 씨, 입원하셨데.」

「응, 다음 달 수술 받으신다고 해.」

POINT 〈とか〉

접속 [A とか] A＝문장 (동사／형용사／명사 보통형)

의미 「A라고 들었다／A인 것 같다」 (A는 들은 내용)

사용법 「今年の冬は寒いとか、いやですね」「社長が変わるとか、次はだれになるんでしょう」

⚠ 듣거나, 읽거나하여 알게 된 정보를 타인에게 전달할 때 사용하나, 간접적으로 약간 떨어져있는 느낌이 있으므로,「확실한지 어떤지 모르나」라는 뉘앙스도 있다.

166 정답 1

「교실, 701로 바뀌었던가?」

「아니, 702 호야.」

POINT 〈っけ〉

접속 [A っけ] A＝동사 보통형, い형용사 [～かった] [～んだ] [～んだった], な형용사／명사 [～だ] [～だった] [～なんだ] [～なんだった] [～でした]

✏ 「アンさんはお酒を飲むんだっけ、飲まないんだっけ」「その本、難しかったっけ／難しいんだっけ／難しいんだったっけ」「明日は、休みだっけ／休みだったっけ／休みなんだっけ／休みなんだったっけ／休みでしたっけ」

의미 「A인가／A였던가」 (A는 확인하고 싶은 것)

사용법 「今日は何日だっけ」
「あの男の人は田中さんでしたっけ」
「今日は午後、会議があるんだっけ」
「あの店はおいしくないんだったっけ」

⚠ 불확실한 내용을 친한 상대에게 확인할 때 사용하는 표현.

◇「明日は休みだったっけ／でしたっけ」： 미래의 일에도 현재형만이 아닌 과거형도 쓴다.

◇ 정중한 표현은 [A でしたでしょうか]

✏ 会議は 3 時からでしたでしょうか。

167 정답 3

그 일을 하고 싶지 않은 것은 아니지만, 나 혼자 힘으로는 무리라고 생각해서 거절했습니다.

POINT 〈わけではない〉

접속 [A わけではない] A＝동사／い형용사 보통형, な형용사／명사 보통형 (현재형 [～な])

의미 「A이지는 않다」 (앞에 있는 A의 내용 전체를 부정한다)

✏ 「時間がないのですか」「いいえ、時間がないわけではありません」： 앞에 있는 문장「時間がない」전체를 부정한다.

사용법 「旅行に行きたくないと言っているわけではない。ひまとお金があれば行く」
「金持ちが幸せだというわけではありません」

⚠ 문제문장의 의미에 대해 : 제의나 권유를 거절할 때는,「그것을 하고 싶지 않기 때문에」라는 이유가 많지만, 그 이유로 거절하는 것이 아니다라는 뉘앙스가 있다.

168 정답 4

우와! 이상한 맛이 되었어. 소금과 설탕을 잘못해서 넣었다!

POINT 〈わけだ〉

접속 [A。B わけだ] [B わけだ。A] B＝동사 보통형, い형용사 보통형, な형용사／명사 보통형 (현재형 [～な])

의미 「B는 A에서 오는 당연한 결과다／B의 원인・이유 (A)를 알았다」 (A는 원인・이유 , B는 결과)

사용법 「みんな寝ている。静かなわけだ」
「静かなわけだ。みんな寝ている」

⚠ 이 용법의「わけ」앞에 오는 문장은「결과」의 내용이 오지만, 이것과는 다르게,「이유」를 뜻하는「わけ」도 있다.

✏ どうしてそんなことをしたんですか。わけを話しなさい。

제 15 회

169 정답 1

모르는 나라를 여행해서 모르는 사람들을 만나고, 모르는 문화에 접하는 것은 정말 즐거운 일이다.

POINT 〈ものだ〉

접속 [A ものだ] A＝동사 보통형, い형용사 [～い], な형용사 [～な]

의미 「A 다」 (A는 감상)

(사용법) 「古い友達から連絡があるのはうれしい**もの**だ」
「よく優勝できた**もの**だ」
「インターネットで簡単に情報が得られるなんて、便利になった**もの**だ」

⚠️【ものだ】에는 다음과 같은 사용법도 있다.

　◇ 일반적인 것을 말하는 문장 : A = 동사 사전형／ない형

📝「学生は勉強する**もの**だ」
　「赤ちゃんは泣く**もの**です」

　◇예전의 습관이나 과거에 자주 한 것을 표현하는 문장 :
　　A = 동사 た형 「よく～した**もの**だ」

📝「子供のころ、いたずらをして、よく母にしかられた**もの**だ」
　「妹とはよくけんかした**もの**だ」

170 정답 2

저 가게 서비스는 최저다. 두 번 다시 갈까 보냐.

POINT 〈ものか／もんか〉

(접속) [A **ものか（もんか）**] A = 동사 사전형, い형용사 [～い], な형용사／명사 [～な]

(의미) 「A(하지)않다／(하지)않을 것이다」 (A 를 부정하는 기분을 강조)

(사용법) ◇ A 가 동사인 경우

(자주쓰는 형태) 「二度と／決して／絶対に A **ものか**」

📝「二度と同じ失敗をする**ものか**」
　「彼は決して来る**ものか**」
　「こんなにたくさんの仕事、一日でできる**ものか**」
　◇ A 가 형용사, 명사인 경우

📝 A：あの店、おいしい？
　B：おいしい**もんか**。最低だね。

📝 A：あの人、親切？
　B：親切な**もんか**。何も教えてくれないよ。

⚠️구어체에서는 「もんか」를 쓴다 (위의 예)

171 정답 3

가능한 것은 전부 했다. 다음은 결과를 나오는 것을 기다릴 뿐이다.

POINT 〈ほかない〉

(접속) [A **ほかない**] A = 동사 사전형

(의미) 「A 하는 이외에 방법이 없다」「A 하고 싶지 않지만 A 하다」

(사용법) 「日本でやりたいことがなくなったら、国へ帰る**ほかない**」
　「だれも手伝ってくれないので、一人でがんばる**ほかない**」

(사용법) ◇「～よりほかない」의 형태가 자주 사용된다. 의미는 변하지 않는다.

📝 こんなに激しい雨では、外へ出られない。しばらく待つ**よりほかない**。
　　◇ [～しかない]와 비슷하게 사용된다.

172 정답 4

사람이 말하고 있을 때는 그 사람의 얼굴을 보고 이야기를 들어야 한다.

POINT 〈べきだ〉

(접속) [A **べきだ**] A = 동사 사전형

(의미) 「당연히 A 해야 한다」

(사용법) 「悪いのは彼だ。彼が謝る**べきだ**」
　「学生は勉強する**べきだ**」
　「自分のことは自分でやる**べきだ**」

⚠️◇자신의 생각을 강하게 나타내는 표현
　◇い형용사는 [～くあるべきだ], な형용사／명사는 [～であるべきだ]

📝「公園は、常に美しくある**べきだ**」
　「図書館は静かである**べきだ**」
　「忙しくても、子供には常に優しい母である**べきだ**」

173 정답 2

지금까지 한 번도 지각한 적이 없는 박 씨가 아직 오지 않았다. 도중에 뭔가 있었던 것에 틀림없다.

POINT 〈に違いない〉

(접속) [A **に違いない**] A = 동사／い형용사 보통형, な형용사 보통형 (현재형 [～] [～である]), 명사 보통형 (현재형 [～] [～である])

(의미) 「분명 A 다」 (A 는 예상・추측하는 내용)

(사용법) 「今夜は雪が降る**に違いない**」
　「勉強しなかったから、今度のテストの成績は悪い**に違いない**」
　「今日は天気がいいから、公園はお花見の人でにぎやかに**違いない**」

174 정답 3

아무리 성능이 좋은 컴퓨터라도 인간이 사용하지 않으면 단지 상자에 지나지 않는다.

POINT 〈に すぎない〉

(접속) [A **にすぎない**] A = 동사／い형용사 보통형, 명사 보통형 (현재형 [～] [～である])

(의미) 「단지 A 다」 (A 는 그다지 중요하지 않다고 평가되는 것)

(사용법) 「うわさで聞いたに**すぎません**。だから、本当か
どうかはわかりません」
「彼はアルバイトの店員に**すぎない**から、彼に文
句を言ってもしかたがない」

⚠ A가 수를 나타내는 말의 경우, 수가 적을 것을 나타낸다.

📝 アンケートに答えた人は 30 人に**すぎない**。(=겨우
30 명이다)

---

175 정답 **4**

그의 이야기 따위 믿을까 보냐. 거짓말인 게 뻔해.

(POINT) 〈に きまっている〉

(접속) [A にきまっている] A = 동사／い형용사 보통형,
な형용사 보통형(현재형[〜][〜である]) 명사
보통형(현재형[〜][〜である])

(의미) 「절대적으로 A 다／A 임에 틀림없다」

(사용법) 「山田さんのほうが強いから、山田さんが勝つに
きまっている」
「そんなことをしたら、課長が怒る**にきまっている**」
「期末試験だから、難しい**にきまっている**」

⚠ ◇ 자신의 생각을 강조하는 표현.
◇ 구어체에서는 「きまってる」라고 말한다.

---

176 정답 **1**

내일, 부모님이 오신다. 오랜만에 만나는 것이라 너무 기쁘다.

(POINT) 〈て ならない〉

(접속) [A てならない] A = 동사 て형, い형용사[〜く
て], な형용사[〜で]

(의미) 「매우 A」(A는 감정, 기분을 나타내는 말)

(사용법) 「試験の結果が気になって**ならない**」
「計画がうまくいったので、うれしくて**ならない**」
「1 点足りなくて日本語能力試験に合格できな
かった。残念で**ならない**」

⚠ 기분을 자제할 수 없다는 뉘앙스가 있다.

---

177 정답 **3**

더워서 참을 수 없어서 에어컨을 켜고 자 버렸다.

(POINT) 〈て たまらない〉

(접속) [A たまらない] A = 형용사 て형, 동사[〜(し)
たくて]

(의미) 「매우 A」(A는 기분이나 하고 싶은 것)

(사용법) 「冷たい水が飲みたくて**たまらない**」
「暖房が効かないので、寒くて**たまらない**」「試
合に負けて、くやしくて**たまらない**」

⚠ 「たまらない」는 「がまんできない(참을 수 없다)」라는 의
미. 화자의 감각, 감정, 욕구 등을 강조한다.

---

178 정답 **2**

이 나라는 오랫동안 경기가 나쁜 상태가 이어져 왔지만, 최근
서서히 회복하고 있는 중이다.

(POINT) 〈つつある〉

(접속) [A つつある] A = 동사 ます형

(의미) 「A 하고 있는 상태다」

(사용법) 「地球の温度は上がり**つつある**」
「私たちは今大きな計画を進め**つつあります**」

---

179 정답 **1**

학생 시절의 친구를 만나 식사를 하면, 학생으로 돌아간 듯이
느낀다.

(POINT) 〈かのように〉

(접속) [A かのように] A = 동사／い형용사 보통형, な형
용사／명사 보통형 (현재형[〜な][〜である])

(의미) 「A 같이」(A는 사실은 아니지만, 그렇게 생각되
는 것)

(사용법) 「彼女は何も心配していない**かのように**笑っている」
「彼は、有名な選手に勝って、まるで優勝した
かのように喜んでいる」

⚠ ◇「Aかのように見える」=「사실은 어떨지 모르지만 보기로는
A 같다」

📝 父は怒っている**かのように**見える。
◇ 뒤에 명사가 올 경우 [Aかのような]

📝 彼は何も知らない**かのような**表情をしている。
◇ 문말의 경우 [Aかのようだ]

📝 彼は何も知らない**かのようだ**。

---

180 정답 **4**

그 날 공항에서 부모님과 헤어졌을 때의 쓸쓸함이란 말로는 표
현할 수 없을 정도였다.

(POINT) 〈と いったら〉

(접속) [A といったら] A = 명사(형용사의 명사형[〜さ]
가 많다)

(의미) 「매우 A」(A를 강조한다)

(사용법) 「Aといったら〜ない」의 형태로 되는 것이 많다

📝 この間の地震の恐ろしさ**といったら**、とても口では言
えないほどだった。

⚠ ◇ 문말의 경우 [Aといったらない。]

📝 暗い夜道を一人で歩くときのこわさ**といったらない**。

◇ [AといったらB] : B 에서는 문제문과 같이 정도를 나타내는 「ほど／くらい／ぐらい」가 사용되는 경우가 많다.

제 16 회

181 정답 1

그의 오늘 시험의 답안은 틀린 것 투성이였다. 공부 부족이었음에 틀림없다.

POINT 〈だらけ〉

접속 [A だらけ] A＝명사

의미 「A 가 가득이다」(A 는 좋지 않은 것)

사용법 「子供たちはどろだらけになって遊んでいる」
「自動車の修理をしたら、服が油だらけになった」

182 정답 3

전기 요금이랑 세금이랑 여러 가지 냈기 때문에 완전히 돈이 떨어져 버렸습니다.

POINT 〈やら、～やら〉

접속 [A やら、B やら] A, B＝동사／い형용사 보통형, な형용사 보통형(현재형[～な]), 명사 보통형(현재형[～])

의미 「A 나 B 등 여러가지로」(A, B 는 동등하게 나열하는 단어)

사용법 「毎年年末は仕事やら、パーティーやらで忙しい」
「バスの事故現場は、乗客が泣くやら叫ぶやらでパニックになった」

⚠ A 나 B 등 여러가지 있어서, 힘들다라는 기분을 나타낸다.

183 정답 4

지도를 보면서 불안한 듯 걷고 있는 사람이 있어서 말을 걸었다.

POINT 〈げ〉

접속 [A げ] A＝い형용사[～い＋げ], な형용사[～な＋げ]

의미 「A(와) 같이／그렇게(보이다)」(A 는 기분을 나타내는 말)

사용법 「ネズミをとったネコは、ネズミを口にくわえて、自慢げに部屋に入ってきた」
「空港で、帰国するリンさんは目に涙を浮かべて、悲しげに手をふった」

184 정답 3

그녀는 공부도 잘 하고 성격도 좋다. 정말 멋진 사람이다.

POINT 〈も～ば～も〉

접속 [(～は) A も B ば C も～] A, C＝명사 B＝동사 ば형, い형용사 [～ければ], な형용사／명사 [～なら]

의미 「(～ 은) A 도 B, C 도～」(강조의 표현 A, C 는 같은 종류의 단어)

사용법 「彼は歌も歌えば、踊りも踊る」「彼女はテニスもうまければ、スキーもうまい」「私は、お金もなければ、時間もないので、旅行には行けない」「この文章は内容も複雑ならば、言葉の使い方も難しくて、読みにくい」

185 정답 2

의사는 자기 자신의 건강에 대한 주의를 잊기에 십상이다.

POINT 〈がち〉

접속 [A がち] A＝동사 ます형, 명사

의미 「A 하는 일이 자주 있다」(A 는 좋지 않은 것)

사용법 「冬になるとかぜをひきがちだ」
「彼と出かけると帰りが遅くなりがちで、いつも父にしかられる」
「妹は子供のときから病気がちだった」

⚠◇ A 가 명사인 경우, 다음과 같은 사용법도 있다.「A 의 느낌이 조금 있는 모양으로」

✎ 「遅刻した学生は遠慮がちに教室に入ってきた」
(＝조심스러운 모습으로)

186 정답 4

그 빌딩은 1 년으로 완성될 예정이었지만, 공사는 예정대로 나아가지 않았다.

POINT 〈どおり／どおりに〉

접속 [A どおり(に)] A＝명사

의미 「A 와 같게／A 에 따라」(A 는 방법을 나타내는 것)

사용법 「この説明書どおりにやれば、メールがすぐ使えるようになる」
「部長の指示どおりに書類を書いた」

⚠【명사＋の＋とおり(に)】의 형태도 있다.

✎ 地図のとおりに行った。참고 59

187 정답 1

이야기하고 싶은 것이 많이 있어서 짧은 시간으로는 도저히 다 이야기할 수 없습니다.

POINT 〈きれない〉

접속 [A きれない] A＝동사 ます형

의미	「마지막까지／전부 A 할 수 없다」
사용법	「こんなにたくさんの料理、一人では食べきれない」 「時間が足りなくて、作文が書ききれなかった」

⚠ 「きれない」는 「きる」의 가능형 부정 「Aきる」＝「마지막까지 ／전부 A 하다」 참고 56

188 정답 3

길을 잃어서 곤란해 하고 있는데, 친절한 사람이 도와 주었습니다.

POINT 〈ところを〉

접속	[A ところを] A ＝ 동사 사전형／た형／「ている」의 형, い형용사 [〜い], 명사 [〜の]
의미	「A 하고 있는 상황을」 (A 는 상황)
사용법	「先生にしかられているところを友だちに見られてしまった」 「仕事が見つからなくてどうしようかと思っているところを田中さんが助けてくれた」 「お忙しいところをお邪魔して、申し訳ありません」 「お休みのところを来ていただいて、有難うございます」 「お疲れのところを、手伝っていただいて申し訳ありません」

189 정답 4

강한 팀이 모인 이 대회를 마지막까지 싸워 이기는 것은 쉬운 것은 아니다.

POINT 〈ぬく〉

접속	[A ぬく] A ＝ 동사 ます형
의미	「마지막까지 A 하다」
사용법	「マラソン大会で全選手が 40 キロのコースを走りぬいた」 「これは考えぬいた末の結論です」

⚠ 문제문의 의미 : 「모두 강한 팀임으로 이 대회에서 마지막까지 계속 이기는 것은 간단한 일이 아니다」

190 정답 1

이 가게의 라면은 가게 앞에 긴 행렬이 생길 정도로 인기가 있다.

POINT 〈ほど〉

접속	[A ほど B] A ＝ 동사／い형용사 보통형, な형용사 보통형 (현재형 [〜な] [〜である]), 명사 보통형 (현재형 [〜] [〜である])
의미	「B 의 상태는 A 와 같다」「A 정도 B 다」 (A 는 정도를 나타낸다)
사용법	「寝る時間もないほど忙しい」 「彼は、みんながびっくりするほど歌がうまい」

⚠◇ 「Aほどの B」라는 형태도 있다. B ＝명사

📝 「トムさんの店は、行列ができるほどの人気がある店になった」
「ねずみほどの大きさの動物が見えた」
◇「AほどB」에는,「A 의 정도가 높으면 B 의 정도도 높다」라는 사용법도 있다.

📝 山の上へ行くほど気温が低くなる。

191 정답 2

최근, 일이 계속 바빠서 주말도 쉬지 않는 날이 이어지고 있다.

POINT 〈一方だ〉

접속	[A (する) 一方だ] A ＝ 동사 사전형
의미	「계속 A(하)다／점점 A 가 진행된다」 (A 는 변화를 나타내는 동사)
사용법	「世界の人口は増える一方だ」 「父の病気は悪くなる一方だ」 「このグループは、歌もダンスもいい。人気は上がる一方だ」

⚠ 「A一方(で)B」라는 문장도 있다. 참고 236
◆ A 와 B 가 「대립」을 나타내는 문장

📝 子供の人口が減る一方で、60 歳以上の人口はどんどん増えている。
◆ A, B 두가지의 것이 동시에 병행하고 있음을 나타내는 문장

📝 彼女は、昼は大学で経済学を学ぶ一方、夜は英語教師として働いている。 그녀는, 낮에는 대학에서 경제학을 공부하는 한편, 밤에는 영어교사로 일하고 있다.

192 정답 4

주민의 반대를 무시하고 고층 빌딩의 건설을 진행하는 저 회사의 방식은 도저히 인정하기 힘들다.

POINT 〈がたい〉

접속	[A がたい] A ＝ 동사 ます형
의미	「A 할 수 없다」 (A 는 信じる, 言う, 考える, 理解する, 許す, 想像する, 認める 등의 단어)
사용법	「証拠がこれだけでは、彼が犯人だとは言いがたい」 「彼らの言うことは一方的で、我々には理解しがたい」

⚠ 동작을 나타내는 동사에는 사용하지 않는다.
× 「このくつは小さいので歩きがたい」

193 정답 **3**

미국이라고 하면 나는 이전에 갔던 뉴욕의 거리가 생각난다.

POINT **〈というと〉**

접속 ［A というと B］　A ＝ 명사

의미 「A 를 들으면, 바로 B」(A 는 화제. B 는 그 화제에 대해 바로 생각되는 것 , 첫인상이나 대표적인 것)

사용법 「日本の山というと、富士山の美しい姿を思い浮かべる人が多いでしょう」

⚠ 「といえば」「といったら」도 비슷하게 사용된다.

📝 イタリア料理といえば、何といってもスパゲティですね。

194 정답 **1**

이 휴대 전화는 노인용으로 조작하기 쉽게 만들어져 있다.

POINT **〈向け〉**

접속 ［A 向けに］［A 向けの B］　A, B ＝명사

의미 「A 를 위해 ／A 에 맞도록」

사용법 「これは子供向けに作られた絵本なんですが、大人にもけっこう愛されています」
「これは子供向けの絵本です」

195 정답 **3**

아이에게 피아노나 바이올린을 배우게 하는 시기는 빠를수록 좋다.

POINT **〈ほど〉**

접속 ［A ほど B］　A ＝ 동사 사전형, い형용사［〜い］, な형용사［〜な］［〜である］

의미 「A 의 정도가 변하면, B」(B 는 변화를 나타내는 말이나 평가를 나타내는 말)

사용법 「経験の豊かな人ほど、失敗が少ない」「研究が進むほど、おもしろくなった」

⚠ 「AばAほど、B」도 비슷하게 사용한다.

📝 研究が進めば進むほど、おもしろくなった。

196 정답 **3**

성적에 따라 장학금을 받을 수 있으니까 열심히 공부해 주세요.

POINT **〈次第〉**

접속 ［A 次第で（は）B］［B は A 次第だ］　A ＝ 명사

의미 「B 는 A 에 의해 정해진다」

사용법 「天気次第では試合が中止になることもある」
「試合が予定通り行われるかどうかは天気次第だ」

⚠ ◇문제문의 의미 : 「장학금을 받을 수 있을 지 없을지는 성적에 따라 정해진다＝성적이 좋으면 장학금을 받을 수 있다. 좋지 않으면 못 받는다.

◇「次第」에는 다음과 같은 사용법도 있다.

◆ 【文＋次第だ】: 참고 **236**

📝 「みなさまのおかげで、こうしてこの会社で働くことになった次第です 여러분 덕분에, 이렇게 이 회사에서 일하게 된 것입니다」격식을 차려 얘기해야 하는 경우에 일의 경위나 이유, 사정설명 등에 사용한다.
＝「……わけです(〜것이다)」

◆ 【동사 ます형＋次第】:「家に帰り次第、連絡します」＝「(돌아간) 후, 바로」

197 정답 **4**

어머니 혼자서 3 명의 아이를 키우는 것은 힘든 일임에 틀림없다.

POINT **〈に 違いない〉**

접속 ［A に違いない］　A ＝ 동사／い형용사 보통형 , な형용사 보통형(현재형［〜］［〜である］), 명사 보통형(현재형［〜］［〜である］)

의미 「분명 A 다」(A 는 예상, 추측되는 내용)

사용법 「料理が上手な洋子が作ったケーキだから、おいしいに違いない」
「あの人は韓国人に違いない。韓国語を話していたのだから」

198 정답 **2**

오늘 본 드라마의 주인공은 어떻게 될까? 다음이 너무 신경이 쓰인다.

POINT **〈て ならない〉**

접속 ［A てならない］　A ＝ 동사 て형, い형용사［〜くて］, な형용사［〜で］

의미 「매우 A」(A 는 감정, 기분을 나타내는 말)

사용법 「事故を起こしてしまった。不注意が悔やまれてならない」
「飼っていたペットが死んでしまった。悲しくてならない」

⚠ 기분을 자제할 수 없다는 뉘앙스가 있다.

199 정답 **4**

이 소년 만화는 내용이 복잡해서 어린이용이라기 보다 어른용이다.

POINT **〈というより〉**

접속 ［A というより B］ A ＝ 동사／い형용사 보통형 , な형용사 보통형(현재형［〜］［〜だ］［〜である］), 명사 보통형(현재형［〜だ］［〜である］)

의미 「A 라고 말하기보다 오히려 B 라고 하는 것이 적절하다」

（사용법）「失敗を恐れて何もしない彼の態度は、慎重<ruby>しんちょう</ruby>というより弱気<ruby>よわき</ruby>というべきだ」

「このいすは、デザインは美しいけれど、家具というより装飾品<ruby>そうしょくひん</ruby>ですね」

⚠ 평가와 견해를 나타내는 문장이 많다. A 와 B 는 가깝지만 의미에 약간 차이가 있는 단어를 사용한다.

200 정답 1

이 프로그램에서 다룬 것은 세계에서 일어나고 있는 환경 문제의 극히 일부분에 지나지 않는다. 비슷한 문제가 전 세계에서 일어나고 있다.

POINT 〈に すぎない〉

（접속）［A にすぎない］ A = 동사 보통형, 명사［〜］
［〜である］

（의미）「단지 A 다」(A 는 그다지 중요하지 않다고 평가하는 것)

（사용법）「その話は確かではありません。たぶん噂<ruby>うわさ</ruby>にすぎないでしょう」

「今はまだ始まりにすぎない。大変なのはこれからだ」

⚠ A 가 수를 나타내는 말일 경우, 수가 적다는 것을 나타낸다.

📝 アンケートに答えた人は 30 人にすぎない。(=겨우 30 명이다)

201 정답 3

선생님은 매우 역사에 대해 잘 알고 있다. 마치 그 시대에 있었던 것처럼 설명해 주신다.

POINT 〈かのように〉

（접속）［A かのように］ A = 동사/い형용사 보통형, な형용사/명사 보통형 (현재형［〜］［〜である］)

（의미）「A 같이」(A 는 실제로는 그렇지 않지만 그렇게 생각되는 것)

（사용법）「彼はすべてを知っている。しかし、何も知らないかのように、表情をまったく変えない」

⚠ ◇「A かのように見える」=「사실은 어떨지 모르지만 보기로는 A 이다.」

📝 父は怒っているかのように見える。
◇ 뒤에 명사가 올 경우［A かのような］

📝 彼は何も知らないかのような表情をしている。
◇ 문말의 경우［A かのようだ］

📝 彼は何も知らないかのようだ。

202 정답 1

3 세인 아이에게 한자를 가르치다니, 나는 찬성하지 않습니다. 히라가나부터 아직 읽지 못 하니까요.

POINT 〈からして〉

（접속）［A からして］ A = 명사

（의미）「A 조차」(A 는 가장 기본적인 것)

（사용법）「料理は、まったくしたことがありません。ご飯の炊<ruby>た</ruby>き方からして知らないんです」

⚠「A からして B」의 B 에는 부정문이 오다.

203 정답 2

그는 겉모습은 일본인인 듯 보이지만, 말투로 보아 일본인이 아닌 듯 하다.

POINT 〈からすると〉 참고 163

（접속）［A からすると B］ A = 명사

（의미）「A 로 판단, 추측하면, B (인 것 같다)」(B 는 판단, 추측의 내용. A 는 판단, 추측의 이유나 근거)

（사용법）「あの態度からすると、彼女は何か不満を持っているようだ」

⚠ ◇ B 의 문말에는 추측의 표현「らしい／ようだ／みたいだ／と思われる」등이 오다.

◇「A からすると」에는「A 의 입장에서 보면」이라는 의미의 사용법도 있다.

📝 子供からするとうるさいのだろうが、親からすると心配<ruby>ほう</ruby>で放ってはおけない。

204 정답 4

보고 싶은 야구 시합이 있다고 친구에게 말했더니 우연히 그 시합의 초대권을 가지고 있다고 해서 1 장 받았다.

POINT 〈た ところ〉

（접속）［A たところ B］ A = 동사 た형

（의미）「A(했) 더니 B／A(한) 결과 B」(B 는 A 한 뒤에 안 것, 일어난 것)

（사용법）「ほしい本が本屋にないのでインターネットで調べたところ、すぐに見つかった」

⚠「(し)てみたところ」의 형태도 자주 쓴다. 의미에 큰 차이는 없다.

📝 奨学金について大学の学生課で聞いてみたところ、詳<ruby>くわ</ruby>しい資料を見せてくれた。

제 18 회

205 정답 3

봄의 교토는 훌륭하다던데. 꼭 한 번 가보고 싶습니다.

POINT 〈とか〉

접속 ［A とか］ A = 문장 (동사／형용사／명사 보통형)

의미 「A 라고 들었다／A 라는 것이다」(A 는 들은 내용)

사용법 「経済の状態は、しばらくこのままだ**とか**。早くよくなってほしいんですが」

⚠ 듣고 있어서 알게 된 정보를 타인에게 전달할 때 사용되나, 간접적인 전문이므로, 조금 떨어져 있는 느낌이 있어, 「확실한지 어떤지 모르나」라는 뉘앙스도 있다.

---

206 **정답 3**

자신의 실수로 손님에게 불편을 끼쳤으므로 내가 사과하러 갈 수밖에 없다.

POINT 〈ほかない〉

접속 ［A ほかない］ A = 동사 사전형

의미 「A 하는 것 외에 방법이 없다」「A 하고 싶지 않지만 A 한다」

사용법 「父が事業に失敗した。残念だが、大学進学をあきらめる**ほかない**」

⚠ ◇「～よりほかない」라는 형태가 자주 쓰인다. 의미는 변하지 않는다.

📝 こんなに激しい雨では、外へ出られない。しばらく待つ**よりほかない**。

◇［A しかない］도 비슷하게 쓰인다.

---

207 **정답 2**

혼잡이 극심한 연말연시에 하와이에 가다니 비행기 값이 비쌀 것이 틀림없다.

POINT 〈に きまっている〉

접속 ［A にきまっている］ A = 동사／い형용사 보통형, な형용사 ［～］［～である］, 명사 ［～］［～である］

의미 「절대적으로 A 다／A 임에 틀림없다」

사용법 「P 大学は超一流校だから、僕が受けたら落ちる**にきまっている**」

「宝くじを買っても、当たらない**にきまっている**」

⚠ ◇자신의 행동이나 판단

◇구어체에서는 「きまってる」라고 말한다.

---

208 **정답 4**

이 이불의 푹신푹신함이라 하면 구름 위에서 자고 있다고 생각할 정도입니다.

POINT 〈と いったら〉

접속 ［A といったら］ A = 명사(형용사의 명사형［～さ］가 많다)

의미 「매우 A」(A 를 강조한다)

사용법 「A といったら～ない」의 형태로 되는 것이 많다 .

📝 その地方の景色の美しさ**といったら**、言葉では言い表せないほどです。

⚠ ◇［A といったら B］ 의 B 문장에서는 정도를 나타내는 「ほど／くらい／ぐらい」가 사용되는 경우가 많다.(문제문, 위의 예)

◇문말의 경우 :［A といったらない。］

📝 暗い夜道を一人で歩くときのこわさ**といったらない**。

---

209 **정답 2**

쇼핑으로 신주쿠에 간 김에, 예전 아르바이트를 했던 가게를 잠깐 들러봤다.

POINT 〈ついでに〉

접속 ［A (の) ついでに B］ A = 동사 사전형／た형, 명사［～の］

의미 「A(의) 때, 같이 B 하다」

사용법 「床にこぼした水をふき取る**ついでに**、部屋の床全体をぞうきんでふいてきれいにした」

⚠ 큰 것, 특별한 것에는 사용하지 않는다.

× 「結婚した**ついでに**、家を買った」

---

210 **정답 1**

어머? 리포트 제출일은 오늘이었나? 내일 아니야?

POINT 〈っけ〉

접속 ［A っけ］ A = 동사 보통형, い형용사［～かった］［～んだ］［～んだった］, な형용사／명사［～だ］［～だった］［～なんだ］［～なんだった］［～でした］

📝 「アンさんはお酒を飲む**んだっけ**、飲まない**んだっけ**」

「その本、難しかった**っけ**／難しい**んだっけ**／難しいんだった**っけ**」「明日は、休みだ**っけ**／休みだった**っけ**／休みなんだ**っけ**／休みなんだった**っけ**／休みでした**っけ**」

의미 「A 입니까／A 였습니까」(A 는 확인하고 싶은 것)

사용법 「ええと、この書類、コピーする**んだっけ**」

「あの人、だれだ**っけ**。会ったことがあるんだけど、名前が思い出せない」

⚠ ◇불확실한 내용을 친한 상대에게 확인할 때 사용하는 표현.

◇「明日は休みだった**っけ**／でした**っけ**」: 미래의 일에도 현재형만이 아닌 과거형도 쓴다.

◇ 정중한 표현은 ［A でしたでしょうか］

📝 会議は 3 時から**でしたでしょうか**。

211 정답 1

친구가 키우고 있는 개를 봤더니 나도 키우고 싶어서 참을 수 없게 됐다.

POINT 〈て たまらない〉

접속 [A たまらない] A = 형용사 て형, 동사 [～ (し) たくて]

의미 「매우 A」 (A 는 기분이나 하고 싶은 것)

사용법 「ああ、頭が痛くてたまらない」
「この子は、あの子が持っているおもちゃがほしくてたまらないみたいだね」
「暑いと、ビールが飲みたくてたまらなくなる」

⚠️ 「たまらない (견딜 수 없다)」는 「がまんできない (참을 수 없다)」와 같은 의미. 말하는 사람 (화자)의 감각, 감정, 욕구 등을 강조한다.

212 정답 3

암은 발견이 빠르면 빠를수록 나을 가능성이 높아진다.

POINT 〈ば～ほど〉

접속 [A1 ば A2 ほど B]
A1 = 동사 ば형, A2 = 동사 사전형

📝 読めば読むほど
A1 =い형용사 [～ければ] A2 =い형용사 [～い]

📝 難しければ難しいほど
A1 =な형용사 [～なら] + A2 =な형용사 [～な]

📝 便利なら便利なほど

의미 「A 의 정도가 변하면 B」 (B 는 변화를 나타내는 말이나 평가를 나타내는 말이 많다)

사용법 「年を取れば取るほど、記憶力が悪くなる」
「駅に近ければ近いほど、土地の価格は高くなる」
「住まいは快適なら快適なほどいい」

⚠️ 「Aほど、B」도 비슷하게 사용된다.

📝 年を取るほど、記憶力が悪くなる。

213 정답 2

그렇게 고민만 하고 있으면 아무 일도 앞으로 나아가지 않습니다.

POINT 〈て ばかりいる〉

접속 [A てばかりいる] A = 동사 て형

의미 「늘 A 하고 있다／자주 A 하고 있다」

사용법 「彼は最近酒を飲んでばかりいる。どうしたのだろう」
「T 君は遊んでばかりいたので、落第してしまった」

⚠️ 「～ (し) ている」를 강조하는 표현.

214 정답 4

지금이야말로 인터넷을 통해서 전 세계의 일을 알 수 있는 시대가 되었다.

POINT 〈を 通じて〉

접속 [A を通じて] A = 명사

의미 「A 를 사이에 넣어 ／수단으로 해서」

사용법 「私は友人の父親を通じて就職することができた」

⚠️ 「を通して」도 비슷하게 사용된다. 참고 121

📝 そのニュースはテレビを通して世界の人々に伝えられた。

215 정답 4

빨리 결혼하고 싶다. 누군가 멋진 사람을 만날 수 없을까.

POINT 〈ないかな (あ)〉

접속 [A ないかな (あ)] A = 동사 ない형

의미 「A 할 수 있으면 좋다」 (A 는 바라는 것, 기다리는 것, 형태는 부정형이지만 의미는 긍정)

사용법 「合格できないかなあ。できるといいなあ」
「お金持ちになりたいなあ。なれないかなあ」
「バス、遅いね。早く来ないかな」

⚠️◇ A 는 단지 원하고, 기다리는 것 뿐으로 자신의 의지로는 어떻게 할 수 없는 것, 스스로는 컨트롤할 수 없는 것. 자신의 의지로 할 것에는 「～たい」를 쓴다. 「～できる」나 동사의 가능형은 자신의 의지로는 할 수 없는 것을 나타내므로 「～ないかなあ」의 문장에 자주 쓴다.

◇ 「明日は天気がいいかな。悪いかな。どうかな (내일은 날씨가 좋을까? 나쁠까? 어떨까?)」의 「かな (～일까)」는 다른 표현. 「だろうか (일 것일까)」 (의문)의 의미

216 정답 1

불행을 바라는 사람은 없다. 누구라도 행복한 인생을 보내고 싶다고 생각하고 있다.

POINT 〈だって〉

접속 [A だって] A = 명사, 의문사 (何 , だれ , いつ , どこ , どれ 등)

의미 「A 라도」 (「A 라도」를 강조한다)

사용법 「彼女に電話しても、いつだって留守なんだ。困ったよ」
「どんなに小さい虫だって命をもっている」

⚠️ 문장 앞에 사용되는 「だって (그렇지만)」는 다른 표현. 이유나 변명에 사용된다.

🔖 「今日は仕事に行かないの?」「だって、日曜日に働いたから、今日はその代わりの休みなんだ」「오늘은 일하러 안가니?」「왜냐하면, 일요일에 일했으니까, 오늘은 그 대신 쉬는날이야」

제 19 회

217 정답 3

복권의 1등이 당첨됐다. 당첨되다니, 생각도 해보지 못 했다.

POINT 〈なんて〉

접속 [Aなんて] A＝동사／형용사 보통형, 명사 보통형 (현재형[〜][〜だ])

의미 「A 라고는」(A 를 강조한다)

사용법 「せっかくの休みなのに、昨日も今日も雨なんて、がっかりだ」
「人の物を盗むなんて、許せない」

⚠️ ◇문제문의 의미 : 「복권의 1등에 당첨됐다. 당첨될 것이라고는 전혀 생각하지 못했다. (그래서 놀랐다)
◇놀람, 강탄, 희망 등의 강한 기분을 나타낸다. 회화에서는 「なんて」의 뒤를 생략해서 문장에 「なんて……」로 끝나는 경우가 많다.

🔖 みんなが忙しいときに、自分だけテレビを見て笑っているなんて……
・◇「Aなんか(A 따위)」도 강조의 표현이지만, A 는 명사만 사용되고 동사는 사용되지 못한다.

218 정답 1

부모님이 훌륭한 학자이니까 그 아들도 우수한 학생임에 틀림없다.

POINT 〈に 相違ない〉

접속 [A に 相違ない] A＝동사／い형용사 보통형, な형용사 보통형(현재형[〜][〜である]), 명사 보통형(현재형[〜][〜である])

의미 「A 임에 틀림없다／분명 A 다」

사용법 「M 氏はこの地方の有力者で人気もある政治家だから、次の選挙でも当選するに相違ない」
「地球温暖化の原因は CO² に相違ないと言われている」
「この男です。この写真の男が犯人に相違ありません」

⚠️ 경직된 표현이므로, 격식을 차리는 경우에 사용된다.

219 정답 2

좋아하는 사람으로부터 선물을 받아서 얼마나 기뻤던 것인지.

POINT 〈ことか〉

접속 [どんなに A ことか／どれほど A ことか] A＝동사／い형용사 보통형, な형용사 보통형(현재형[〜な／〜である])

의미 「매우 A 다／A 가 매우 많다」(상황이나 감정을 강조하는 표현)

사용법 「過去の戦争でどれだけの人が死んでいることか」
「この計画を実現するのに何年かかったことか」

⚠️ 「どんなに／どれほど／どれだけ／なんと／何＋수」등과 함께 쓴다.

220 정답 4

이번 중에 끝내지 않으면 안 되는 일인데, 좀처럼 나아가지 않는다.

POINT 〈ざるをえない〉

접속 [Aざるをえない] A＝동사 ない형
(「する」→「せざるをえない」)

의미 「A 하고 싶지 않지만, 해야한다

사용법 「ほかに行く人がいないのだから、私が行かざるをえない」
「医学部に入れないなら、医者になる夢をあきらめざるをえないでしょう」

⚠️ 「ざるを得ない」라고 쓰는 것이 많다. 딱딱한 표현이므로 문어체에서 사용되는 경우가 많다.

221 정답 2

POINT 〈くらい／ぐらい〉

합격 통지를 받았을 때 기뻐서, 울고 싶을 정도였습니다.

접속 [Aくらい／ぐらい] A＝동사／い형용사 보통형, 명사

의미 「A 정도」(A 의 정도는 낮은 정도에서 높은 정도까지 있다)

사용법 「あいさつをするくらいなら簡単だ」(낮은 정도)
「洗濯ぐらい自分でできるでしょう。自分でしなさい」(낮은 정도)
「あれくらい頭がよければどんな仕事でもできるだろう」(높은 정도)
「日常会話ができるくらいまで中国語を勉強したい」

⚠️ 「약／대개」라는 의미의 사용법도 있다.

🔖 この教室は 30 人くらい入れる。

222 정답 3

이 일을 전부 나 혼자 한다니, 그런 것 가능할 리 없다.

POINT 〈っこない〉

접속 [A っこない]　A = 동사 ます형 (가능형의 ます형이 많다)

의미 「절대 A(하지) 않다／A(가능할) 리가 없다」

사용법 「アラビア語なんて、わかりっこないよ」
「こんな暗いところで、読めっこない」

⚠ A 동작은 자신의 의지로 하는 것이 아니다.「絶対にA(し)ない (절대 A 하지 않는다)」는, 자신의 의지로「しない (하지 않는다)」는 것이 아니라, 하고 싶어도「できない (할 수 없다)」는 것이다.

✎ 宝くじは買わないよ。当たりっこないから。복권은 안 살꺼야. 당첨될 리 없으니까

---

223 정답 1

싸우기 시작한 이상은 마지막까지 온 힘을 내서 싸우는 것이 진정한 스포츠 정신이라는 것이다.

POINT 〈というものだ〉

접속 [A というものだ]　A = 명사, な형용사 [~]

의미 「정말 A 다」(A 를 강조한다. A 는 평가, 판단이 많다.)

사용법 「あの人がもらえるのに、私はもらえない。これは、不公平というものだ」
「あれもこれもほしがるのは、欲張りというものです」

---

224 정답 4

편리한 기능을 갖춘 컴퓨터가 좋은 것은 아니다. 기능이 너무 많아서 사용하기 어려운 경우도 있다.

POINT 〈というものではない／というものでもない〉

접속 [A というものではない／というものでもない]
　　A = 문장 (동사／형용사／명사 보통형)

의미 「반드시 A 이지는 않다」(A 는 생각이나 평가를 부정한다)

사용법 「お金があれば幸せだというものではない」
「好きなものばかり食べていればいいというものではありません。健康のことを考えた食事をするべきです」

⚠ 앞 문장 (생각이나 평가) 을 부정한다. (=「わけではない」)

✎ 「お金があれば幸せだ」의 부정형은
「×お金があれば幸せではない」
「○お金があれば幸せだというものではない (＝というわけではない)」

---

225 정답 2

「죄송합니다만, 오늘 6 시 예약을 7 시로 바꿔 주실 수 없습니까?」
「7 시입니까? 안 되는 것은 아닙니다만, 조금 기다려 주셔야 됩니다.」

POINT 〈ないことはない／ないこともない〉

접속 [A ないことはない／ないこともない]　A = 동사 ない형, い형용사 [~く], な형용사／명사 [~でない]

의미 「『전혀 A(하지) 않다』는 것은 아니다」

사용법 「アルコールを飲まないこともないんですが、あまり好きではありません」
「この小説、おもしろくないこともないんですが、おすすめはしません」

⚠ 전면적인 부정은 하지 않으나, 무언가 조금 문제가 있다라는 의미를 포함한 애매한 표현.

---

226 정답 3

그의 불성실한 태도를 봐서 나는 불신감을 품지 않을 수 없었다.

POINT 〈ずに (は) いられない〉

접속 [A ずに (は) いられない]　A = 동사 ない형
　　(「する」→「せずにはいられない」)

의미 「A 를 억누를 수 없다／참을 수 없다／A(하지) 않고는 견딜 수 없다」

사용법 「おかしくて、笑わずにいられない」
「困っている人を見ると、何か援助をせずにはいられません」

⚠ 「ず (하지 않다)」(＝ない)와「いられない (있을 수 없다)」로, 부정을 두번 겹쳐서 강조한다. 의미는 긍정.

---

227 정답 1

이 작곡가의 음악은 클래식 애호가에 한하지 않고, 재즈나 록을 좋아하는 사람도 잘 듣는다고 하는 것이다.

POINT 〈に 限らず〉

접속 [A に限らず B]　A, B ＝명사

의미 「A 뿐만 아니라 B 도」

사용법 「最近は、男性に限らず女性もタクシーや大型トラックの運転手になる」
「人間に限らず、ペットにも高齢化が進んでいるらしい」

---

228 정답 2

그녀가 국제 시합에서 우승할 수 있었던 것은 매일의 노력이 있었기 때문임에 틀림없다.

접속 ［A にほかならない］　A ＝ 명사

의미 「바로 A 다」(강한 단정)

사용법 「両親があなたに言う厳(きび)しい言葉は、愛情の現れにほかならない」

⚠️ ◇형태는 부정형이지만, 의미는 강한 긍정.

◇경직된 표현이므로, 문어체로 사용된다.

제 20 회

229 정답 3

오늘은 오랜만에 레스토랑에서 둘이서 식사를 하자. 결혼기념일이니까.

POINT 〈もの／もん〉「もので」참고 52

접속 ［A もの／もん］　A ＝ 동사／형용사／명사 보통형 또는 ［보통형+んだ］

✐ 「行くもの（もん）／行くのだもの（もん）／行くんだもの（もん）」

의미 「A 이므로」(A 는 이유)

사용법 「ピアノを習うの、やめよう。上手にならないんだもの」

「必ず行くよ。だって約束だもん」

母「食べないの?」

子「だってまだおなかがすかないもん」

⚠️ 구어체에 사용된다. 「もん」은「もの」보다, 더욱더 허물없는 상대에게 사용하는 표현이므로, 가족이나 친구들과의 대화에서 사용된다. 「だって」와 함께 사용되는 경우가 많다.

230 정답 4

그녀의 말투는 차분하기는 하지만, 뭔가 냉정함을 느껴지게 하는 것이 있다.

POINT 〈ものがある〉

접속 ［(A には) B ものがある］　A ＝ 명사, B ＝동사 사전형／ない형／사역형, い형용사[〜い], な형용사[〜な]

의미 「(A 에는) B 하는 뭔가가 있다」

사용법 「彼の才能には人を驚かせるものがある。天才と言ってもいいかもしれない」

231 정답 4

돈만 있으면 뭐든지 손에 넣는다는 생각은 잘못되었다. 돈으로는 살 수 없는 것도 있기 때문이다.

POINT 〈さえ〜ば〉

접속 ［A さえ（すれ）ば／B（て）さえいれば］

A ＝ 동사 사전형［〜（さえすれば）］／て형［〜て（さえいれば）］, い형용사［〜く（さえあれば）］, な형용사［〜で（さえあれば）］, 명사［〜］

B ＝동사 조건 형

의미 「그것만으로 좋다」

사용법 「会費さえ払えばいつでも入会できます」

「風邪だから、心配はいりません。薬を飲んで休んでさえいれば、治ります」

「子供は元気でさえあれば、それでいい」

232 정답 2

초등학교의 학급 친구를 외국에서 우연히 만나다니 믿을 수 없는 기분이었다.

POINT 〈なんて〉

접속 ［A なんて］　A ＝ 동사／형용사 보통형, 명사 보통형 (현재형［〜］［〜だ］)

의미 「A 라니」

사용법 「難しい勉強なんて、したくない」

「あんないい車を持っているなんて、彼は金持ちにちがいない」

⚠️ ◇강조의 표현. 놀람, 감탄, 실망 등의 강한 기분을 표현한다. 회화에서는「なんて（〜とらに）」뒤는 생략하여, 문장이「なんて。」로 끝나는 경우가 많다.

✐ みんなが忙しいときに、自分だけテレビを見て笑っているなんて。

◇「Aなんか（A 하다니）」도 강조의 표현이지만, A 는 명사만 사용되고 동사는 사용되지 못한다.

233 정답 3

역 안의 안내는 외국인도 알 수 있도록 4 개 국어로 써 있다.

POINT 〈ように〉

접속 ［A ように B］　A ＝ 동사 사전형／ない형／가능형

의미 「A(의) 목적으로 B 하다」

사용법 「小さい子供にも食べられるように、やわらかく煮ました」

「事故を起こさないように、車の運転に気をつけてください」

◇자주 쓰는 형태 : 「〜（ら）れる／できる／わかる+ように」「〜（し）ないように」

⚠️ 「ように（〜수 있도록）」를 사용한 문장의「목적」은, 화자에게는 컨트롤할 수 없는 것. 컨트롤할 수 있는 목적에는,「ために（〜하기위해）」를 사용한다.「컨트롤할 수 없다」는 것은, 예를 들어「〜できる（〜할 수 없다）」「〜なる（〜되다）」「〜（し）ない（〜하지 않다）」등, 동작이 아니라,「상태」. 이 문제 문장의「(使い)

やすい (사용하기 쉽다)도 동작이 아닌, 상태이므로, 「ために」를 사용하지 않고, 「ように」를 사용한다

○「まちがえないように、よく注意する」

×「まちがえないために、〜」

234 정답 2

오늘은 차로 왔으므로, 술은 마실 수는 없습니다.

POINT 〈わけにはいかない〉

접속 ［A わけにはいかない］ A = 동사 사전형／ない형／「ている」형

의미 「(뭔가 이유나 사정이 있어서) A 할 수 없다／용서할 수 없다」

사용법 「社会人になったのだから、親に甘えているわけにはいかない」

「チームで仕事をしているのだから、私だけ遊びに行くわけにはいきません」

235 정답 4

설령 100 만엔 지불한다고 말해도, 그런 일은 하고 싶지 않다.

POINT 〈たとえ〜ても／でも〉

접속 ［たとえ A ても］ A = 동사 て형, い형용사［〜くても］, 명사／な형용사［〜でも］

의미 「A 의 경우에도」

사용법 「たとえ大雨が降っても、必ず行きますよ」

「たとえ難しくてもがんばります」

「たとえ貧乏でも、健康ならいい」

236 정답 3

매일 회사에서 밤 늦게까지 일이 있어서 스트레스가 쌓이기만 한다.

POINT 〈一方だ〉 참고 191

접속 ［A (する) 一方だ］ A = 동사 사전형

의미 「계속 A(하)다／점점 A 가 진행된다」(A 는 변화를 나타내는 동사)

사용법 「物価は上がる一方だし、生活は苦しくなる一方だ」

⚠ 「A一方(で)B」라는 문장도 있다.

◆ A 와 B 가 「대립」을 나타내는 문장

📝 子供の人口が減る一方で、60 歳以上の人口はどんどん増えている。

◆ A, B 두가지의 것이 동시에 병행하고 있음을 나타내는 문장

📝 彼女は、昼は大学で経済学を学ぶ一方、夜は英語教師として働いている。그녀는, 낮에는 대학에서 경제학을 공부하는 한편, 밤에는 영어교사로 일하고 있다.

237 정답 2

뭔가 말하려다 마는 그녀의 버릇은 좋지 않다고 생각한다.

POINT 〈かける〉

접속 ［A かける］ A = 동사 ます형

의미 「A(하기) 시작하다」(A 는 동작의 도중, 아직 끝나지 않았다)」

사용법 「料理を一口食べかけて、すぐに箸をおいた。変なにおいがしたからだ」

「立ちかけたとき、腰に痛みを感じた」

⚠ 「〜かけだ」「〜かけの〜」의 형태도 쓴다.

📝 「あ、そのお弁当、まだ食べかけだから、片づけないでください」

「書きかけのレポートがそのままになっている。今週中に書いてしまわないと、提出期限に間に合わない」

238 정답 2

대형 슈퍼의 건설 계획이 급하게 중지되었다. 그것은 지역 상점가의 강한 반대 운동이 있었기 때문이다.

POINT 〈というのは〉

접속 ［A。というのは、B からだ］ A = 문장

의미 「A。왜냐면 B 이므로」(B 는 A 의 원인, 이유)

사용법 「この地方では野生動物がどんどん減っている。というのは、家や工場が建って、自然環境が変わってしまったからだ」

⚠ 결과를 먼저 서술하고, 그 뒤에 이유를 설명할 때 사용된다.

239 정답 3

「싸고 요리가 맛있는 가게를 알고 있다」라고 말한 탓에, 이번 학급 모임의 준비는 내가 하기로 되어 버렸다.

POINT 〈ばかりに〉

접속 ［A ばかりに B］ A = 동사 た형, い형용사 보통형, な형용사／명사 보통형 (현재형［〜な］［〜である］)

의미 「A 만의 이유로 (B 의 결과가 되었다)」(A 는 원인, B 는 좋지 않은 결과)

사용법 「あの人を信用したばかりに、だまされて金を取られてしまった」

「彼は優秀だったが、家が貧しかったばかりに、大学に進めなかった」

「外国人であるばかりに不利なことが多くて、暮らしにくいです」

240 정답 2

어제는 전철에 늦어서 못 탄데다가 지갑도 잃어버려서 최악의 하루였다.

문장의 문법 1 문장의 문법 2 글의 문법

POINT 〈うえに〉

접속　[A うえ（に）B]　A = 동사／い형용사 보통형, な형용사 보통형（현재형［〜な］［〜である］）, 명사 보통형（현재형［〜である］）

의미　「A 뿐만 아니라, 게다가 B」

사용법　「昨夜は激しい雨が降ったうえに強風が吹いた」「この服はデザインがよくないうえに値段も高いので買おうとは思わない」「この機械は操作が簡単なうえに、小さくて場所を取らないのがいい」

⚠ 「〜上で」는 다른 표현. 참고 297

📝 それについてはよく調べた上で、お返事します。

제 21 회

241 정답 2

신문에 의하면 경기가 나쁜 데도 불구하고, 텔레비전 등 전기 제품의 판매가 늘고 있다는 것이다.

POINT 〈ということだ〉

접속　[A ということだ]　A = 문장（동사／형용사／명사 보통형）

의미　「A 라고 한다」（들은 것, 읽은 것을 전하는 표현）

사용법　「ペットブームで、犬や猫を飼う人が増えているということだ」
「今、山田さんから連絡がありました。こちらへ着くのが少し遅くなるということです」

242 정답 3

유학생 T 씨는 고국에서 친척이 왔다고는 하고는 학교를 자주 쉰다. 이래서는 무엇을 위해서 유학한 것인지 알 수 없다.

POINT 〈といっては〉

접속　[A といっては B]　A = 문장（동사／형용사／명사 보통형）

의미　「A 를 이유로 B(하다)」

사용법　「花子は、参考書を買うといっては母親からお金をもらう」

⚠ ◇「Aからといっては／からと言っては」의 형태가 많다. A 의 이유는 「구실」이 많다.
◇「からといって」는 다른 표현. 참고 33

📝 暑いからといって冷たいものばかり飲んでいるのは体によくない。

243 정답 3

지각해서 죄송합니다. 사고로 전철이 늦었던 것이라서.

POINT 〈ものだから〉

접속　[A ものだから]　A = 동사／형용사, な형용사／명사 보통형（현재형［〜な］）

의미　「A 이므로」（A 는 이유）

사용법　「時計が止まっていたものだから、時間を間違えてしまった」
「お金がないものだから、大したプレゼントがあげられなくて、ごめんね」

⚠ ◇친한 사람에게 말할 때는 「もんだから」도 자주 쓴다.
「うちの子は勉強が嫌いなもんだから、スポーツばかりやってる」
◇「もので」도 비슷하게 사용된다.

244 정답 3

당신이 잘 생각한 후에 낸 결론이라면 나는 반대하지 않습니다.

POINT 〈ぬく〉

접속　[A ぬく]　A = 동사 ます형

의미　「마지막까지 A 하다」

사용법　「選手たちは厳しい練習にも負けずに、がんばりぬいた」
「何をする場合でも、途中でやめずに最後までやりぬくことが大事です」

245 정답 4

최근 조금 피곤한 기미라서, 휴가를 얻기로 했다.

POINT 〈気味〉

접속　[A 気味（だ）]　A = 동사 ます형, 명사

의미　「A 하는 경향이 있다／조금 A 의 상태다」

사용법　「最近、運動不足で太り気味だ」
「論文の提出期限が近づいて、学生たちは焦り気味の様子です」
「風邪気味だから、早く寝よう」

246 정답 2

이 마을에서는 플라스틱 제품의 용기는 다른 쓰레기와 따로 하는 것으로 되어 있다.

POINT 〈ことになっている〉

접속　[A ことに なっている]　A = 동사 사전형／ない형／가능형, い형용사［〜い］［〜くない］

의미　「A 가 정해져 있다」（A 는 규칙, 예정, 습관 등 정해져 있는 것）

사용법　「私の家では、毎週日曜日の夜は家族そろって夕食をすることになっている」

「日本では、20歳にならないとお酒が飲めない
　ことになっている」

247 정답 2

바쁘신 중에 죄송합니다. 잠깐 묻고 싶은 것이 있어서….

POINT 〈ところを〉

접속 ［(お) A ところを］　A＝형용사, 동사 ます형
　　［(お) ～の］, い형용사 ［～い］, な형용사 ［～な］,
　　명사 ［～の］

의미 「A 인데」「A(하)고 있는데」

사용법 「お忙しいところを、おじゃまして申し訳ありません」
　　「暑いところを、来てくれてありがとう」「お急ぎ
　　のところを、お呼びして申し訳ありません」

⚠ ◇A＝동사 보통형 일 경우의 의미 : 「A 의 상황을」

📝 「寝ているところを写真に撮られてしまった」
　　「木村さんが出かけるところを見ました」

248 정답 3

엄마는 항상 애정을 담아 가족을 위해서 요리를 만들어 주었다.

POINT 〈を こめて〉

접속 ［A をこめて］　A＝명사

의미 「A 를 담아서」

사용법 「国へ帰る友だちに、心をこめてカードを書いた」
　　「故郷を愛する気持ちをこめて歌を歌った」「愛
　　をこめてこの花をおくります」

⚠ A 는 추상적인 명사. 자주 쓰이는 경우 「心／気持ち／愛情／願
　　い／期待」등

249 정답 4

M사 제조의 자동차에 결함이 발견되어, 그것이 사고로 연결될
우려가 있다고 해서 문제가 되고 있다.

POINT 〈おそれが ある〉

접속 ［A おそれがある］　A＝문장 (동사, 형용사, 명사
　　보통형 (현재형 ［～の］)

의미 「A 일지도 모른다」(A 는 좋지 않은 것)

사용법 「今年の冬は、A型インフルエンザが流行るお
　　それがあるそうだ」

⚠ ◇좋지 않은 일이 일어날 가능성이 있다라는 것을 나타낸다. 「～か
　　もしれない (～일지도 모른다)」가 주관적인 추측임에 비해,
　　「おそれがある (～우려가 있다)」는 객관적인 추측이다.

250 정답 2

공원의 쓰레기를 줍는 봉사 활동에 참가하는 것을 계기로 거리
의 미화 활동에 관심을 가지게 되었다.

POINT 〈を きっかけに〉

접속 ［A をきっかけ に B］　A＝명사, 문장+の／こと

의미 「A 가 시작으로 그 뒤, B」

사용법 「田中さんが帰ったのをきっかけに、パーティー
　　はおしまいになり、みんなで片づけを始めた」
　　「引っ越しをきっかけに、ジムに通い始めた」

⚠ 「を契機に (～을/를 계기로)」도 같은 의미로 사용되나, 「契
　　機」는 「きっかけ」보다 경직된 표현.

📝 アメリカの大企業が倒産したのを契機に、世界中の
　　景気が悪化した。 미국의 대기업이 도산한 것을 계기
　　로, 전세계의 경제가 악화되었다.

251 정답 3

사무소 이전 인사를 겸해서 잠깐 찾아 뵙고 싶습니다만, 상황은
어떠신지요?

POINT 〈を かねて〉

접속 ［A をかねて］　A＝명사

의미 「A 를 겸해서, A 와 함께 」

사용법 「趣味をかねて、野菜を作っています」
　　「仕事をかねて、8月に帰国することになった」

252 정답 2

노동 조건의 개선에 대해서 회사 측이 내놓은 제안은 사원에게
있어 받아들이기 어려운 것이었다.

POINT 〈がたい〉

접속 ［A がたい］　A＝동사 ます형

의미 「A 할 수 없다」(A 는 信じる, 言う, 考える, 理
　　解する, 許す, 想像する, 認める 등의 단어)

사용법 「あのまじめな彼が会社のお金を使ったとは信じ
　　がたい」
　　「自分の子供を殺してしまうという許しがたい事
　　件が続いている」

⚠ 동작을 나타내는 동사에는 사용하지 않는다.
　　×「このくつは小さいので歩きがたい」

제 22 회

253 정답 3

신작 영화의 공개에 즈음해 영화관에서 주연 여배우가 인사를
했다.

POINT 〈に あたり〉「にあたって」 참고 141

접속 ［A にあたり］　A＝동사 사전형, 명사

의미 「A(하는)기회에」(A 는 結婚する, 開会する 등
　　특별한 기회)

사용법 「開会にあたり、一言ごあいさついたします」
「帰国するにあたり、お世話になった人たちと
食事をする予定だ」

⚠️ 격식을 차린 표현. 작은 것, 일상적인 것에는 사용하지 않는다.
×「駅で電車に乗るにあたって」

254 정답 3

환자가 입원할 때, 의사가 가족에게 설명을 했다.

POINT 〈に際して〉

접속 [A に際して] A = 동사 사전형, 명사

의미 「A 할 때에／A 의 때에」(A 는 큰 것, 특별한 것)

사용법 「大統領は日本を訪問するに際してメッセージを
発表した」
「この建物は、入館に際して身分証明書を見せ
なければならない」

⚠️ 격식을 차린 경직된 표현. 개인적인 작은 일, 일상적인 내용 등에는
사용하지 않는다. 사회적인 내용에 사용되는 경우가 많다.
×「朝、学校に行くに際して」

255 정답 1

옆 방의 사토 씨는 혼자서 살고 있는 나를 걱정해서 자주 찾아
와 주지만, 나로서는 오히려 귀찮은 일이다.

POINT 〈にしたら〉

접속 [A にしたら] A = 명사

의미 「A 의 입장에서 생각하면」(A 는 사람이나 기관)

사용법 「今年の夏は涼しくていいが、米を作る人たちに
したら、米が実るかどうかと不安だろう」
「電車の中で楽しそうに話している人たちがいる
が、周りの乗客にしたらうるさいことだろう」

⚠️ 사람이나 기관의 입장이 되어, 그 사람과 기관의 생각을 추측하는
표현.

256 정답 2

시험 중이므로, 조용히 통행해 주세요.

POINT 〈につき〉

접속 [A につき] A = 명사

의미 「A 이므로／A 이니까」(A 는 이유)

사용법 「強風につき、徐行運転をします」
「試験中につき、お静かにお願いします」

⚠️ 연락이나 소식, 게시 등에 사용되는 경직된 표현.

257 정답 4

의사가 되었으면 좋겠다는 부모님의 희망에 반해서 아들은 음

악의 길로 나아갔다.

POINT 〈に反して〉

접속 [A に反して] A = 명사

의미 「A 와 반대로」

사용법 「父親の会社を継がせたいという期待に反して、
息子は演劇を勉強している」
「学生たちの予想に反して、試験の問題はそれ
ほど難しくなかった」

258 정답 1

고등학교를 졸업하면 슈퍼를 경영하는 숙부 밑에서 일할 생각
이다.

POINT 〈のもとで〉

접속 [A のもとで] A = 명사

의미 「A 의 밑에서／A 에 따라」(A 는 「사람」인 경우
가 많다)

사용법 「子供たちはやさしい両親のもとで幸せに暮らし
ている」
「すぐれたコーチの指導のもとで、選手は力を伸
ばした」

⚠️ 자주쓰는 형태 「先生のもとで」「両親のもとで」「〜の指導
のもとで」「〜の指示のもとで」등

259 정답 4

그네 사고에 의한 유아의 죽음을 계기로 전국의 공원에서 설비
의 안전 확인이 행해졌다.

POINT 〈を契機に〉

접속 [A を契機に B] A = 명사, 문장+の／こと

의미 「A 가 시작으로, 그 뒤 B」

사용법 「オリンピックを契機に、国はスポーツに対する
予算を上げることにした」
「大きな事故が起きたのを契機に、安全対策 を
強化することになった」

⚠️ 「を きっかけに (〜을／를 계기로)」도 같은 의미로 사용되나,
「契機」는 「きっかけ」보다 경직된 표현.

📖 外国人に道を聞かれたのをきっかけに、英語の勉強
を始めた。

260 정답 2

학생들은 교사의 이야기가 끝나자마자 돌아갈 준비를 시작했다.

POINT 〈〜か〜ないかのうちに〉

접속 [A1 か A2 か のうちに] A1 =동사 A 사전형／た
A2 =동사 A ない형

42

意味 「A 하고 바로」

使用法 「夜が明けるか明けないかのうちに家を出て、富士山に登った」

「非常ベルが鳴るか鳴らないかのうちに人々が出口に向かって走り出した」

---

261 정답 3

결혼식 스피치를 맡은 이상은 모두의 마음 속에 남을 듯한 이야기를 하고 싶다.

POINT 〈以上は〉

接続 [A 以上 (は)] A = 동사／い형용사 보통형, な형용사／명사 보통형 (현재형 [～である])

意味 「A 이므로」

使用法 「今になっても雨がやまない以上、今日のスポーツ大会は中止にするしかない」

「自分でやると言った以上は、できるまでがんばろうと思う」

---

262 정답 4

이 카드로 지불하실 때는 사인이 필요합니다.

POINT 〈際は〉

接続 [A 際 は] A = 동사 사전형／た형, 명사 [～の]

意味 「A(할) 때는／A 의 경우는」

使用法 「地震が起こった際は、一番に台所の火を消してください」

「面接試験の際は、スーツを着ていくのが常識だ」

⚠ 격식을 차린 경직된 표현. 작은 일, 일상적인 일에는 사용하지 않는다.
×「朝起きた際に」

---

263 정답 2

오늘이야말로 다이어트를 시작하려고 생각하면서도 결국 실행을 계속 미뤄 버린다.

POINT 〈～つつ〉

接続 [A つつ] A = 동사 ます형

意味 「A(하)면서도」

使用法 「早く寝なくてはいけないと思いつつ、ゲームに夢中になってしまった」

「田中さんが忙しいのを知りつつ、飲み会に誘ってみた」

⚠ 「A(하)면서」라는 의미의 문장도 있다.

✏ 山を登りつつ、これからのことを考えた。
作業は、時間を測りつつ進めてください。

---

264 정답 1

인터넷 쇼핑에서는 먼저 요금을 지불하지 않으면 상품이 도착하지 않는 경우도 있다.

POINT 〈～てからでないと〉

接続 [A てからでないとB] A て＝동사 て형

意味 「B 의 전에 A 하지 않으면 안된다」

「A 하지 않으면 B 할 수 없다」

使用法 「この薬を飲んでからでないとご飯が食べられない」

「テストをしてからでないとクラスが決まらない」

⚠ [Aてからでないと～ない]라는 형태로 되는 일이 많다.

제 23 회

265 정답 3

이번 시험에서는 만점을 받을 자신이 있었는데, 결과는 만점은커녕 평균점보다도 나빴다.

POINT 〈どころか〉

接続 [A どころかB] A = 동사／い형용사 보통형, な형용사 보통형 (현재형 [～] [～である]), 명사 보통형 (현재형[～] [～である])

意味 「A 가 아니라, 반대로 B」

使用法 「雨は止むという予報だったが、止むどころかますます激しくなった」

⚠ B 의 내용이 말하는 상대방의 예상 이상임을 강조한다.

---

266 정답 2

그 나라에서는 올림픽이 행해진다면 어느 도시가 적당할 것인가?

POINT 〈としたら〉

接続 [A としたら] A = 동사／い형용사 보통형, な형용사／명사 보통형 (현재형 [～だ／～である])

意味 「만약 A 라면／A 의 경우는」

使用法 「中国へ行くとしたら、秋に行きたい」

「結婚式のスピーチを頼むとしたら、木村さんと田中さんとどちらがいいかな」

「彼が外国人だとしたら、パスポートを持っているはずだ」

---

267 정답 1

합격하든 불합격하든 신세진 선생님에게 제대로 결과를 보고하는 것이 예의다.

POINT 〈～にしろ ～にしろ〉

接続 [A にしろ、B にしろ] A = 동사／い형용사 보통형, な형용사／명사 보통형 ([～] ／ [～である])

| 의미 | 「A 든 B 든／A 의 경우도, B 의 경우도」
| 사용법 | 「父にしろ母にしろ、私が外国人と結婚することには賛成しないだろう」
「パーティーで歌うにしろ踊るにしろ、ちゃんと練習してからにしたい」
「勉強会に参加するにしろしないにしろ、連絡をください」

---

268 정답 1

다음 달 동창회 건입니다만, 선생님의 형편이 좋지 않은 듯해서 선생님을 제외하고 학생들만의 모임으로 할까요?

POINT 《ぬきで》

| 접속 | [A ぬきで]　A = 명사
| 의미 | 「A 없이」
| 사용법 | 「わさびぬきですしを食べる人が増えているそうだ」
「あいさつぬきですぐに打ち合わせを始めた」

⚠️ ◇ 「ぬき」는 동사「抜く」의 명사형
　◇ A 는 보통 있는 것이 당연한 것, 하는것이 당연한 것.
　◇ 「ぬきの」「ぬきに」「ぬきに」의 형태도 쓴다 참고 107
　◇ 【A をぬきにして〜ない】라는 문장도 있다. 「A 가 없으면〜할 수 없다.」「A 없이는〜 없다」라는 의미 참고 156

📝 社長をぬきにして会議をすることはできない。

---

269 정답 4

연습이 너무 엄격했기 때문에 달리는 것을 그만둘까도 생각했지만, 포기하지 않고 계속한 보람이 있어서 전국 대회에 출장할 수 있을 만큼 타임이 좋아졌다.

POINT 《かいがあって》

| 접속 | [A かいがあって B]　A = 동사 た형
| 의미 | 「A(한) 결과 B」(B 는 좋은 결과)
| 사용법 | 「努力したかいがあって、希望の大学に合格できた」
「いっしょうけんめい練習したかいがあって、優秀選手に選ばれた」

⚠️ 「おかげ」와 같이 「A 해서 다행이다」라는 뉘앙스가 있다.

---

270 정답 2

자신이 좋아하는 스타의 사인은 큰 돈을 내더라도 손에 넣고 싶다고 생각하는 사람이 있는 듯 하다.

POINT 《〜てでも》

| 접속 | [A てでも B]　A = 동사 て형
| 의미 | 「B 하기 위해서는 A 하다 ／A(해서) 라도 B 하다」
| 사용법 | 「彼女はうそをついてでもいい人だと思われたい

ようだ」
「電車が止まったら、歩いてでも会社へ行くつもりだ」

---

271 정답 2

올림픽에서 딴 메달은 수는 A 국이 20 개인데 비해, B 국은 겨우 2 개였다.

POINT 《に 対して》

| 접속 | [A に対して B]　A = 명사, 문장+ の
| 의미 | 「A 에 비해 B／A 와 반대로 B」
| 사용법 | 「父が一人で絵をかくのが好きなのに対して、母は友だちとにぎやかにおしゃべりするのが大好きだ」
「サッカーの人気が上がっているのに対して、野球をする子供たちの数は増えていない」

---

272 정답 4

학급 대표로서 S 군이 교내 스포츠 대회 실행위원이 되었다.

POINT 《として》

| 접속 | [A として]　A = 명사
| 의미 | 「A 라는 역할에서／입장에서／자격에서」
| 사용법 | 「この事件の犯人として 30 歳の男が逮捕された」
「すしは日本を代表する料理として世界に知られている」

---

273 정답 3

나라의 경제 상태가 악화됨에 따라 실업률이 올라갔다.

POINT 《と ともに》

| 접속 | [A とともに B]　A = 동사 사전형, 명사
| 의미 | 「A 와 いっしょに B」(A, B 는 변화를 나타내는 말)
| 사용법 | 「インターネットの広がりとともに我々の生活が大きく変わっている」
「春になるとともに、公園に来る人が増える」

---

274 정답 1

손님의 예산에 따라 가구를 만들어 드립니다. 꼭 상담해 주세요.

POINT 《に 応じて》

| 접속 | [A に応じて]　A = 명사
| 의미 | 「A 에 맞춰」
| 사용법 | 「体力に応じてトレーニングの時間を決める」
「この学校では、目的に応じてクラスを選ぶことができる」

⚠️ 「A に応じた B」의 형태도 있다. A, B =명사

📝 体力に応じたトレーニングをすることが重要だ。

275 정답 2

오늘은 해외 출장 중인 사장님 대신에 저, 다나카가 인사드리겠습니다.

POINT 〈に かわり〉

접속 ［Aにかわり］　A = 명사

의미 「A 대신에 ／A 가 아닌」

사용법 「病気の父にかわり、長男が会社を経営することになった」

「これまでの厚くて重い辞書にかわり、電子辞書が広く使われるようになった」

⚠ 「Aにかわって」와 같은 의미의 문어체.

276 정답 3

일본인의 생활은 우리 나라 사람들에 비하면 훨씬 바쁘게 보인다.

POINT 〈に 比べて〉

접속 ［Aに比べて］　A = 명사

의미 「A 와 비교해서」

사용법 「去年に比べて、今年はさくらの開花が遅い」

「地方の生活に比べて、都市の生活は便利だが忙しい」

「二人で生活するのは、一人で生活するのに比べて、楽しいことが多い」

第 24 회

277 정답 1

산 정상에 다가감에 따라 그곳에서 어떤 풍경이 보일 것인가 하는 기대감도 커져 갔다.

POINT 〈に したがって〉

접속 ［AにしたがってB］　A = 동사 사전형, 명사, 문장＋の

의미 「A 와 함께 B」(A, B 는 변화를 나타내는 단어)

사용법 「この町は、人口の増加にしたがって交通渋滞 が激しくなっている」「気温が暖かくなるのにしたがって人々の服の色が明るくなるようだ」

⚠ 「A 의 변화와 B 의 변화가 함께 일어난다」라는 것을 나타낸다.

278 정답 3

아버지인 내가 보면 아들의 사고 방식은 아직 어리다.

POINT 〈から見ると〉

접속 ［Aから見ると］　A = 명사

의미 「A 의 입장에서 생각하면／A 라는 점을 생각하면」

사용법 「この書き方から見ると、これを書いた人は外国人のようだ」

「学生から見ると、おもしろくてしかも内容のある授業が一番いい」

279 정답 3

입사 시험의 면접에서는 자신의 생각을 잘 말할 수 없었다. 좀 더 연습해두면 좋았을 걸.

POINT 〈〜ば よかった〉

접속 ［Aばよかった］　A = 동사／형용사／명사 ば형

의미 「A 하지 않았는데 아쉽다／A 가 아니였는데 아쉽다」

사용법 「遅刻してしまった。昨日の夜お酒なんか飲まなければよかった」

「このお茶はおいしくない。お湯がもっと熱ければよかったのに」

⚠ ◇좋지 않은 결과에 대해 후회하는 기분을 나타낸다.

◇「〜ばよかったのに」의 형태도 있다. 타인에게 말하는 경우가 많다.

💬 残念な結果だったね。もっと勉強すればよかったのに。

280 정답 2

사내에서 오랫동안 의논한 끝에 신제품의 발매는 중지되었다.

POINT 〈末に〉

접속 ［A末に］　A = 동사 た형, 명사［〜の］

의미 「A(한) 끝에／A(한) 결과」

사용법 「あちこち職場を変わった末に、自分の店を開くことにした」

「いろいろ検討した末に、S 社の新型車を買った」

「議論の末に、道路建設の計画はやめることになった」

⚠ 오랜기간동안, 큰일을 겪은 후의 최종 결과를 나타낸다.

281 정답 2

이 세미나에서는 온난화 문제를 중심으로 다양한 환경 문제에 대해서 연구한다.

POINT 〈を中心にして〉

접속 ［Aを中心にして］　A = 명사

의미 「A 가 주로 ／A 가 중심으로」

사용법 「この企画は、営業の田中さんを中心にして若い女性ばかりのチームが考えたものだ」

「この店には、フランスのワインを中心にして、世界各国のワインがそろっている」

282 정답 4

오늘 아침 신문에 의하면 이번 지진 피해자는 만 명을 넘었다고 한다.

POINT 〈に よると〉

접속 [A によると] A = 명사

의미 「A 에서 들은(읽은) 것으로는」 (A 는 정보 출처)

사용법 「母の話によると、駅前に新しいスーパーができ
るらしい」
「天気予報によると、今夜は雪が降るそうだ」

⚠ 「によると」의 문장의 끝은 「そうだ」「らしい」「ということ
だ」가 많다.

283 정답 4

그 교회의 정원에는 사계절을 불문하고 여러 가지 종류의 꽃이
피어 있다.

POINT 〈を 問わず〉

접속 [A を問わず] A = 명사

의미 「A 에 관계 없이／A 는 문제삼지 않고」

사용법 「男女を問わずゲームに夢中になる人が多くなっ
た」
「このコートは季節を問わず着られる便利なコート
です」

284 정답 3

그렇게 망설이고 있지 말고 A 대학을 시험 치면 좋잖아?
괜찮아, 너라면 분명히 합격할거야.

POINT 〈たらいい〉

접속 [A たらいい] A = 동사 た형

의미 「A 하는 것이 좋다고 생각한다／A 하는 것을 추
천한다」 (조언한다)

사용법 「体調がよくないのなら、早く帰ったらいい」
「電車の時刻は、インターネットで調べたらいい
でしょう」

⚠ 「たら?」,「たら どう」도 마찬가지로 「권할」 때의 표현.

✏ インターネットで調べたら?
ご両親に相談したらどうですか。

285 정답 4

컴퓨터에 관한 그의 지식은 놀랄 만큼 풍부하다.

POINT 〈に 関する〉

접속 [A に関するB] A, B =명사

의미 「A 에 관한 B／A 에 관계있는 B」

사용법 「山田さんは大学院で日本料理の歴史に関する
研究をしている」

「個人的なことに関する質問には、お答えできま
せん」

286 정답 1

회의 하고 있을 때 비상벨이 울려 놀랐다.

POINT 〈最中〉

접속 [A 最中だ／A 最中に] A = 동사「～ている」형,
い형용사, 명사 [～の]

의미 「마침 A(하)고 있을 때」

사용법 「電話をしている最中に話しかけられても返事が
できない」
「仕事で忙しい最中に友達が遊びに来て困った」
「食事の最中なので、少し待ってください」

287 정답 4

전기를 켠 순간, 퍽하고 소리가 나고 전기가 꺼졌다.

POINT 〈たとたん〉

접속 [A たとたん] A =동사 た형

의미 「A(했을) 때 바로／A(하고) 바로 뒤에」

사용법 「まどを開けたとたん、猫が外へ出ていってしま
った」
「バスを降りたとたん、かさを忘れたことに気が
付いた」

⚠ 【A たとたん B】 B 는 A 할 때 예상하지 못했던 것. 갑자기 일
어난 것.

288 정답 3

알 수 없는 것에 대해서 선생님에게 질문하면 오히려 혼란스러
워져 버렸다.

POINT 〈かえって〉

접속 [A、かえって B] A, B =문장

의미 「A 에서 예상된 것과는 반대의 B」

사용법 「病気の友だちの家にお見舞いに行ったら、かえ
ってごちそうになってしまった」
「木村さんの仕事を手伝ったが、ミスをして、か
えって迷惑をかけてしまった」

⚠ A 의 행동에 의해 일반적으로 예상할 수 있는 결과가 아닌 반대의
결과가 되었음을 표현한다.

제 25 회

289 정답 2

이 정도의 연습으로 충분하다는 생각으로는 우승할 수 없다.

〈くらい／ぐらい〉

접속 ［A くらい／ぐらい］ A＝동사／い형용사 보통형, 명사

의미 「A 의 정도」 (A 의 정도는 낮은 정도에서 높은 정도까지 있다)

사용법 「フランス語を習っているのなら、簡単なあいさつ**ぐらい**できるでしょう」(낮은 정도)
「もうこれ以上はがんばれないという**くらい**がんばった」(높은 정도)

⚠ 「약 / 대개」라는 의미의 사용법도 있다.

📝 駅から 10 分**ぐらい**のところに住んでいる。

---

290 **정답** 1

이 모임을 그만두신다고 하는데, 만약 지장이 없으시면 이유를 들려 주시지 않겠습니까?

POINT **〈お〜願(ねが)えませんか〉**

접속 ［お+동사 ます형+願えませんか／願えませんでしょうか」「ご+명사(＊)+願えませんか／願えませんでしょうか」＊[명사+する] 형의 동사에서「する」를 뺀 명사

📝 「出席する → ご出席」

의미 「〜 해주세요」

사용법 「こちらで少し**お**待ち**願えませんか**」
「この図について、**ご**説明**願えませんでしょうか**」

⚠ 정중한 의뢰의 표현

---

291 **정답** 4

그럼, 게임을 시작하겠습니다. 제가 말한 대로 몸을 움직여 주세요.

POINT **〈とおり／とおりに〉**

접속 ［A とおり (に)］ A＝동사 사전형／た형, 명사 ［〜］［〜の］

의미 「A 와 같이／A 에 따라」

사용법 「まだ熱があるから、医者が言う**とおりに**家で静かにしていたほうがいい」
「新しい携帯電話の設定は、マニュアルの**とおり**にすれば簡単にできます」

⚠ 「通(とお)り」라고도 쓴다.「명사+通り」의 경우는「〜どおり」라고 읽는다.

📝 計画は予定**通(どお)り**進んでいる。

---

292 **정답** 3

그 아이는 싱글벙글 웃고 있다고 생각했더니 갑자기 울기 시작했다.

POINT **〈かと 思うと／思ったら〉**

접속 ［A かと思ったら B］ A＝동사 た형

의미 「A 와 거의 동시에 B 가 일어나다」 (A 에서 B 로 빠른 변화가 일어나다)

사용법 「昨夜はベッドに入った**かと思ったら**、寝てしまった」
「覚えた**かと思うと**、忘れてしまう。漢字の勉強は大変だ」

⚠ 비슷한 표현 :「と思うと／と思ったら」

📝 キムさんは、いすにすわった**と思うと**ゲームを始めた。

---

293 **정답** 1

새로운 일은 스케줄에 따라 순조롭게 진행되고 있습니다.

POINT **〈に 沿(そ)って〉**

접속 ［A に沿って］ A＝명사

의미 (1) 「A 에 따라／A 대로」 (A 는 설명서, 예정 등)
(2) 「A(가 이어지는 것) 와 같이」 (A 는 강, 도로, 해안 등 길게 이어지는 것)

사용법 (1) 「新しい店員は、マニュアル**に沿って**お客様の対応をする」
(2) 「川**に沿って**並木道が続いている」

---

294 **정답** 1

올해야말로 열심히 영어를 공부하려고 생각하고 있다.

POINT **〈こそ〉**

접속 ［A こそ］ A＝명사

의미 (A 를 강조한다)

사용법 「これ**こそ**私がほしいと思っていた時計だ」
「漁業が重要な産業である日本**こそ**、海の環境を守る研究や活動をするべきだ」

⚠ 「문장+からこそ」:「문장+から」(이유)를 강조한다.

📝 早く仕事に慣れてほしい**からこそ**、いろいろうるさく注意するのです。

---

295 **정답** 4

약국에서 이 약을 살 수 있게 되었으므로 일부러 병원에 가지 않아도 해결되게 되었다.

POINT **〈なくてすむ〉**

접속 ［A なくて (も) すむ］ A＝동사 ない형

의미 「A(하) 지 않아도 좋다」 (A 는 힘든 것, 하고 싶지 않은 것)

사용법 「薬を飲めば治るということで、手術を受け**なくてすむ**んだ」
「テレビを修理に出したが、買ったばかりだったので修理費は払わ**なくてすんだ**」

◇ A 는「힘드니까 하지 않아도 좋다」이므로「그것을 피할 수 있어 다행이다」라는 의미가 있다.

◇ [Aずにすむ]도 비슷하게 쓰인다.

📖 手術を受けずにすんで、よかった。 수술을 하지 않고 해결되어, 다행이다.

296 정답 1

이 나라에서는 공업이 발달해서 경제가 성장한 한편에 공해 문제가 심각해지고 있다.

POINT 〈一方で〉

접속 [A 一方で B] A = 동사／い형용사 보통형 な형용사 보통형(현재형[〜な]) 명사 보통형(현재형 [〜である])

의미 「A 와는 별개로 B／A 와는 반대로 B」

사용법 「この会社は酒を販売する一方、化粧品の研究をしている」
「この村では、農業をする一方、会社や工場で働く人が多くなっている」

⚠ A 와 B 는 대립하는 두 가지 상황.

📖 この大学では、実技が重視される一方、筆記試験では広い範囲から問題が出される。 이 대학에서는, 실기를 중시하는 반면, 필기시험에서는 광범위한 문제가 나온다.

297 정답 2

카탈로그를 보고 마음에 들었지만, 살지 어떨지는 실제로 상품을 본 후에 결정하려고 한다.

POINT 〈上で〉

접속 [A た上で] A = 동사 た형

의미 「A(하) 고 나서」

사용법 「両親と相談した上で、お返事します」
「契約の内容を検討した上で、もう一度ご連絡します」

⚠ 격식을 차린 경우에 사용하는 경직된 표현

298 정답 4

재판관이라는 입장상, 사건에 대해서 이야기하는 것은 할 수 없습니다.

POINT 〈上〉

접속 [A 上／上は] A = 명사

의미 「A 적으로／A 관계한 것으로／A 에서 보면」

사용법 「教育上よくないテレビ番組が増えている」
「この車は安全上の問題があるため、無料で修理をしている」
「教師という立場上、行動には気をつけなければならない」

299 정답 3

이 소설은 작가 자신이 전 세계를 여행한 경험을 바탕으로 쓰여졌다.

POINT 〈に 基づいて〉

접속 [A に基づいて] A = 명사

의미 「A 를 기초로 해서／A 에서」

사용법 「この映画は、事実に基づいて作られたものだ」
「食品の管理は安全基準に基づいて行われる」

⚠ 「〜をもとに(〜を基に)」도 비슷하게 사용한다.

📖 この小説は実際にあった事件をもとに書かれた。

300 정답 1

POINT 〈も かまわず〉

접속 [A もかまわず B] A = 명사, 문장+の

의미 「A 를 신경쓰지 않고 B(하다)」

사용법 「国民の批判もかまわず、首相は税金を上げると言っている」
「熱があるのもかまわず彼は出勤した」

문장의 문법 2

제 1 회

1 정답 **4**

応援してくださった みなさんの ★期待に こたえる ことができて うれしいです。

응원해 주신 여러분의 기대에 부응할 수 있어서 기쁩니다.

문제 풀이 TIP

POINT 〈に こたえる〉〈ことができる〉

① 「に こたえる」에 주목 ⇒ 「期待に こたえる」

② 「ことができて (ことができる)」의 앞에 동사 사전형이 온다 ⇒ 「期待に こたえる ことができて」

③ 「みなさんの」의 뒤에 명사가 온다⇒ 「みなさんの 期待に」⇒ 「みなさんの 期待に こたえる ことができて」⇒ 올바른 문장

2 정답 **2**

この線の電車は、通勤時間の 朝夕は ★もちろん 昼間も 満員で座ることができない。

이 선의 전철은 통근 시간인 아침 저녁은 물론 낮 시간도 만원으로 앉을 수 없다.

문제 풀이 TIP

POINT 〈A はもちろん B も〉

① 「A はもちろん B も」의 A, B 는 같은 종류의 단어(명사)가 온다 ⇒ 「朝夕は もちろん 昼間も」

② 「通勤時間の」의 뒤에는 의미적으로 「朝夕」가 어울린다 ⇒ 「通勤時間の 朝夕は もちろん 昼間も」⇒ 올바른 문장

3 정답 **4**

自分の希望に合わない仕事を与えられたが、家族の ことを ★考えれば がんばるより ほかない。

자신의 희망에 맞지 않는 일을 주어졌지만, 가족의 일을 생각하면 힘낼 수 밖에 없다.

문제 풀이 TIP

POINT 〈(より) ほかない〉

① 「よりほかない」의 표현에 주목 ⇒ 「がんばるよりほかない」

＿＿ ＿＿ ★ がんばるより ほかない。

② 「家族の」의 뒤에 명사가 온다 ⇒ 「家族の ことを」

③ 「考えれば」의 앞에 「〜を」가 온다 ⇒ 「家族の ことを 考えれば」

(첫 번째 빈칸, 두 번째 빈칸, 세 번째 빈칸이 정해진다)
⇒ 올바른 문장

⚠ (직장에서) 자신이 하고 싶지 않은 일을 하지 않으면 안되게 되었다. 그러나, 「싫습니다」라고 는 하지 못한다. 가족을 위해 노력하지 않으면 안 된다.

4 정답 **3**

彼は、会社の 同僚に 心配を ★かけまい と思って、体の調子が悪いことを言わなかった。

그는 회사의 동료에게 걱정을 끼치지 않겠다고 생각해 몸 상태가 나쁜 것을 말하지 않았다.

문제 풀이 TIP

POINT 〈まい〉〈と思う〉

① 「会社の」의 뒤에 명사가 온다 ⇒ 「会社の 同僚に」
彼は、会社の 同僚に ＿＿ ★ ＿＿、体の調子が悪いことを言わなかった。

② 「心配を」의 뒤에는 「かける」가 어울린다. 「かけまい」=「かける+まい」⇒ 「心配をかけまい」

③ 「と思って」의 앞에 생각 하는 것(생각하는 내용)이 온다 ⇒ 「心配を かけまい と思って」

④ 「心配をかけまい」의 앞은 「〜 (人) に」가 어울린다 ⇒ 「会社の同僚に 心配を かけまい と思って」
(두 번째 빈칸, 세 번째 빈칸, 네 번째 빈칸이 정해진다)
⇒ 올바른 문장

⚠ ◇「同僚に心配をかける」=「同僚を心配させる」=「同僚が心配する」

◇「〜まい」=「〜したくない」「〜しないだろう」(이 문장에서는 「〜したくない」) 「心配をかけまいと思って」=「心配をかけないようにしたいと思って」

5 정답 **1**

彼らは二人の意思だけで結婚するつもりのようだが、親の 同意 ★ぬきで 結婚する のは 難しいだろう。 그들은 두 사람의 의지만으로 결혼할 생각인 듯 하지만, 부모님의 동의 없이 결혼하는 것은 어려울 것이다.

문제 풀이 TIP

POINT 〈のは〜だ〉〈ぬきで〉

「難しい」의 앞은 「〜は」가 어울린다. ⇒ 「のは 難しいだろう」

① 親の＿＿＿　★　＿＿＿　のは　難しいだろう。

② 「のは」의 앞에 문장(동사, 형용사)이 온다. 여기서는 동사 「結婚する」밖에 없다 ⇒ 「結婚する のは 難しいだろう」

親の＿＿＿　★　結婚する　のは　難しいだろう。

③ 「親の」의 뒤에 명사가 온다 ⇒ 「親の 同意」

親の 同意　★　結婚する　のは　難しいだろう。

④ 두 번째 빈칸 「ぬきで」가 들어온다 (「ぬき」의 앞에 명사가 오는 것, 「ぬきで」의 뒤에 동사가 오는 것으로도 확인할 수 있다) ⇒ 올바른 문장

제 2 회

6　정답　1

私たちの会社は　経験の　有無　★を　問わず、やる気のある人を求めています。　우리 회사는 경험의 유무를 묻지 않고 의욕이 있는 사람을 구하고 있습니다.

문제 풀이 TIP

POINT 〈を 問わず〉

① 「〜を 問わず」에 주목 ⇒ 「を 問わず」

② 「を」의 앞에 명사가 온다 ⇒ 「有無 を 問わず」

③ 「経験の」의 뒤에 명사가 온다 ⇒ 「経験の 有無」　⇒ 「経験の 有無 を 問わず」 올바른 문장

⚠ ◇「有無」는 명사. 의미는 「있는지 없는지」

　◇「やる気のある人」=「やる気がある人」=「仕事を頑張ってする人」

　◇문제문의 의미 : 「우리 회사는 경험이 있는지 없는지는 문제삼지 않고, 의욕이 있는 사람을 고용하고 싶다고 생각하고 있습니다.」

7　정답　4

この道は、一年 を通して　美しい花々が　★咲いている　ことから「フラワー通り」と呼ばれている。　이 길은 일년 내내 아름다운 꽃들이 피어있는 것에서 「꽃길」이라고 불리고 있다.

문제 풀이 TIP

POINT 〈を通して〉〈ことから〉

① 「を通して」의 앞에 명사가 온다. 여기서는 명사는 「一年」밖에 없다 ⇒ 「一年を 通して」

この道は、一年 を通して　＿＿＿＿　★　＿＿＿＿「フラワー通り」と呼ばれている。

② 「美しい花々が」의 뒤에는 「咲いている」가 어울린다. ⇒ 「美しい花々が 咲いている」

③ 「ことから」의 앞에는 동사, 형용사, 명사 [〜である／だった] 가 온다. 여기서는 동사 「咲いている」밖에 없다 ⇒ 「美しい花々が 咲いている ことから」 (두 번째 빈칸, 세 번째 빈칸, 네 번째 빈칸이 정해진다) ⇒ 올바른 문장

8　정답　2

交際範囲が広い中村君は、情報を　集める　★ことに　かけては だれよりも優れている。　교제 범위가 넓은 나카무라 군은 정보를 모으는 것에 있어서는 누구보다도 뛰어나다.

문제 풀이 TIP

POINT 〈に かけては〉

① 「〜にかけては」에 주목 ⇒ 「ことに かけては」

② 「こと」의 앞에 동사 보통형이 온다 ⇒ 「集める ことに かけては」

③ 「集める」의 앞은 「〜を」가 어울린다 ⇒ 「情報を 集める ことに かけては」 ⇒ 올바른 문장

⚠ 「情報を集めることにかけては」=「情報を集めることについて言うと」

9　정답　1

私たちがこうして無事に暮していけるのは、みなさんが　支えて　★くださる　からに　ほか　なりません。　우리들이 이렇게 무사히 살 수 있는 것은 모두가 지지해 주시기 때문임에 틀림없습니다.

문제 풀이 TIP

POINT 〈にほかならない〉〈てくださる〉

① 「〜にほかならない」의 표현에 주목 ⇒ 「なりません」의 앞에 「からに」「ほか」가 온다 ⇒ 「からに ほか なりません」

私たちがこうして無事に暮していけるのは、みなさんが　＿＿＿　★　＿＿＿　からに　ほか　なりません。

② 「支えて」의 뒤는 「くださる」가 어울린다 ⇒ 「支えて くださる」

③ 「支えて くださる」의 앞은 「명사＋が／は」가 온다 ⇒ 「みなさんが 支えて くださる」 (첫 번째 빈칸, 두 번째 빈칸이 정해진다) ⇒ 올바른 문장

⚠ 「Aにほかならない」는 「A 이다」를 강조한 표현

10

정답　1

あなたに　責任はない　のだから　★謝る　こと
はない　と思う。 당신에게 책임은 없으니까 사과할 것은
없다고 생각합니다.

문제 풀이 TIP

POINT 〈ことはない〉

① 「ことはない」(＝「必要ない」) 의 앞에 동사 사전형이
　온다 ⇒ 「謝る ことはない」

② 「あなたに」 의 뒤는 「責任はない」 이 어울린다 ⇒ 「あ
　なたに 責任はない」
　あなたに　責任はない　＿＿＿　★　＿＿＿と
　思う。

③ 「と思う」 의 앞에 문장이 온다 ⇒ 「謝る ことはない
　と思う」
　あなたに　責任はない　＿＿＿　★謝る　ことはな
　い　と思う。

④ ⇒ 두 번째 빈칸에 「のだから」 가 들어간다 ⇒ 올바
　른 문장

⚠◇「~ことはない」＝「~する必要はない」
　◇「あなたに責任はないのだから」＝「あなたに責任はな
　いから」＋「の」: 이 「~の」 는 「~」 의 내용을 강조한다.

제 3 회

11

정답　3

私の一番の楽しみは　ワインを　★飲みつつ　ク
ラシック音楽を　聞く ことだ。 나의 가장 큰 즐거움은
와인을 마시면서 클래식 음악을 듣는 것이다.

문제 풀이 TIP

POINT 〈は~ことだ〉〈つつ〉

① 「ことだ」 의 앞에 동사 보통형이 온다 ⇒ 「聞く ことだ」
　私の一番の楽しみは＿＿＿　★　＿＿＿　聞く
　ことだ。

② 「聞く」 의 앞에 「~を」 가 온다⇒ 「クラシック音楽を
　聞く ことだ」
　私の一番の楽しみは＿＿＿　★　クラシック音
　楽を　聞く ことだ。

③ 「ワインを」 의 뒤에 동사가 온다 ⇒ 「ワインを 飲みつ
　つ」 (첫 번째 빈칸 , 두 번째 빈칸이 정해진다) ⇒
　올바른 문장

⚠「A(し)つつB(する)」＝「A(し)ながら、B(する) A(하)면서
　B(하다)」

정답　4

このパソコンは、　これまでのパソコン　★に比べて
　操作が　簡単　になっている。 이 컴퓨터는 지금까
지의 컴퓨터에 비해서 조작이 간단하게 되어 있다.

문제 풀이 TIP

POINT 〈に比べて〉〈になる〉

① 「に比べて」 의 앞에 명사가 온다 ⇒ 「これまでのパソ
　コン に比べて」

② 「になっている」 (になる) 의 앞은 명사, な형용사가
　온다. 여기서는 な형용사 「簡単」 밖에 없다 ⇒ 「簡
　単」 이 네 번째 빈칸에 들어간다.
　このパソコンは、＿＿＿　★　＿＿＿　簡単　にな
　っている。

③ 「簡単」 의 앞은 「操作が」 가 어울린다 .
　このパソコンは、＿＿＿　★　操作が　簡単　に
　なっている。

④ 첫 번째 빈칸, 두 번째 빈칸에 「これまでのパソコン
　に比べて」 가 들어간다 ⇒ 올바른 문장

13

정답　4

インターネットで買い物をする人が多いが、私は商
品を　直接　★見ない　ことには　安心して　買
うことができない。 인터넷에서 물건을 사는 사람이 많지
만, 나는 상품을 직접 보지 않고서는 안심하고 살 수 없다.

문제 풀이 TIP

POINT 〈ないことには〉

① 「~ないことには」 에 주목 ⇒ 「見ない ことには」

② 「見ない」 의 앞은 「~を」 가 어울린다 ⇒ 「商品を 見
　ない ことには」

③ 「直接」 와 「安心して」 는 동사 앞에 온다 ⇒ 다음의
　둘 중 하나이다.
　A : 「直接 見ない ことには 安心して 買うことがで
　　　きない」
　B : 「安心して 見ないことには 直接 買うことがで
　　　きない」

④ B 는 의미가 통하지 않는다 ⇒ A 가 올바르다 ⇒ 올
　바른 문장

新しいパソコンを　買った　　ものの　　★機能が多すぎて　　うまく使う　ことができない。새로운 컴퓨터를 샀지만, 기능이 너무 많아서 잘 사용할 수 없다.

문제 풀이 TIP

POINT 〈ことができない〉〈ものの〉

① 「ことができない」의 앞에 동사 사전형이 온다 「うまく使う ことができない」

新しいパソコンを＿＿＿　＿＿＿　★　＿＿＿　うまく使う ことができない。

② 「買った」의 앞은 「パソコンを」가 어울린다 ⇒ 「パソコンを 買った」

新しいパソコンを 買った　＿＿＿　★　＿＿＿　うまく使う ことができない。

③ 두 번째 빈칸, 세 번째 빈칸에 들어가는 것은 다음의 둘 중 하나이다.

　A : 「(〜パソコンを買った) ものの　機能が多すぎて (うまく使うことができない)」

　B : 「(〜パソコンを買った) 機能が多すぎて ものの (うまく使うことができない)」

④ 「ものの」의 앞에는 동사・형용사 보통형이 오고, て형은 오지 않는다. 또 「〜パソコンを買った機能が〜」는 의미가 통하지 않는다 ⇒ A 가 올바르다 ⇒ 올바른 문장

⚠ ◇「〜ものの」＝「〜が／〜けれど 〜이지만」

　◇문제문의 의미 : 새로운 컴퓨터를 샀지만, 기능이 너무 많아(복잡해서), 제대로 사용할 수가 없다.

15 정답 3

たった1日で1000字もの漢字を　覚える　　なんて　★できる　　わけがない　でしょう。단 하루에 100자의 한자를 기억하다니 가능할 리가 없겠죠.

문제 풀이 TIP

POINT 〈わけがない〉〈なんて〉

① 「覚える」의 앞에 「명사＋を」가 온다 ⇒ 「漢字を 覚える」

たった1日で1000字もの漢字を 覚える　＿＿＿　★　＿＿＿　でしょう。

② 「わけがない」의 앞에 동사, 형용사, 명사[〜の] 가 온다 ⇒ 여기서는 동사 「できる」밖에 없다 ⇒ 「できる わけがない」

③ 「なんて」가 들어가는 곳은, 다음의 둘 중 하나이다.

　A : 「覚える なんて できる わけがない」

　B : 「覚える できる わけがない なんて」

④ B의 「覚える できる」는 올바르지 않다 ⇒ A 가 올바르다 ⇒ 올바른 문장

⚠ 「なんて(〜 이라니, 하다니)」는, 명사와 문장을 강조한다. 이 문제문장에서는, 하루에 1000개의 한자를 외우는 것이 「대단하다」라고 놀라고 있다.

16 정답 2

その歌手は、来月 CDを　★発売する　のに 先立って サイン会を行った。그 가수는 다음 달 CD를 발매하는 것에 앞서 사인회를 했다.

문제 풀이 TIP

POINT 〈に先立って〉

① 「に先立って」에 주목 ⇒ 「のに 先立って」

② 「のに」(の+に) 의 앞에 동사가 온다 ⇒ 「発売する のに 先立って」

③ 「発売する」의 앞에 「명사＋を」가 온다 ⇒ 「CDを 発売する」 ⇒ 「CDを 発売する のに 先立って」 ⇒ 올바른 문장

⚠ ◇「Aに先立ってB」＝「Aの前にBする A 전에 B 하다」

　◇「発売するのに先立って」:「の」는 동사를 명사로 바꾼다 (＝「こと」)

　「発売するのに先立って」＝「発売に先立って」

17 정답 3

本日は、「　アジア　における　★日本　の役割」について山田教授にお話しいただきます。오늘은 「아시아에 있어서 일본의 역할」에 대해서 야마다 교수에게 이야기를 듣고 싶습니다.

문제 풀이 TIP

POINT 〈における〉

① 「における」의 앞과 뒤는 모두 명사가 오므로, 다음의 둘 중 하나이다.

　A : 「アジアにおける日本」

　B : 「日本におけるアジア」

　「Xにおける Y」는 「Y 중의 X」라는 의미이므로, B 는 의미 없는 문장이 된다. ⇒ A 가 적당 ⇒ 「アジア における日本」

②「の役割」의 앞에는 명사가 온다 ⇒「アジア における 日本 の役割」⇒ 올바른 문장

18 정답 3

薬を飲んだら、気分が <u>よく</u> <u>なる</u> <u>どころか</u> <u>★かえって</u> 悪くなった。약을 먹었더니 컨디션이 좋아지기는커녕 오히려 나빠졌다.

문제 풀이 TIP

POINT 〈(〜く) なる〉〈どころか〉〈かえって〉

①「なる」의 앞에는「〜く」가 어울린다 ⇒「よくなる」

②「よくなる」의 앞에는「気分が」가 어울린다 ⇒「気分が よく なる」

薬を飲んだら、気分が <u>よく</u> <u>なる</u> _____ _____★ 悪くなった。

③「どころか」의 앞과 뒤에는 반대의 의미를 갖는 단어가 올 가능성이 높다 ⇒「よく なる どころか 悪くなった」

④「かえって」(=「오히려, 반대로」) 가 들어갈 곳을 생각하면, 다음의 둘 중 하나이다

A:「気分が よく なる かえって どころか 悪くなった」

B:「気分が よく なる どころか かえって 悪くなった」

⑤ A 는 의미가 통하지 않으므로 B 가 올바르다 ⇒ 올바른 문장

⚠ ◇「AどころかB」=「ぜんぜん A(では)なくてB A 이기는커녕 B」

◇문장의 의미 : (기분이 좋아질 것이라 생각하여)약을 먹었지만, 기분이 좋아지지는 않고, 반대로 기분이 나빠졌다.

19 정답 2

私の祖父はよく <u>体操をしている</u> <u>からか</u> <u>★年齢の</u> <u>わりには</u> 体がやわらかい。나의 할아버지는 체조를 하고 있어서인가 연령에 비해서는 몸이 유연하다.

문제 풀이 TIP

POINT 〈わりには〉〈からか〉

①「よく」의 뒤에 동사가 온다 ⇒「よく 体操をしている」
私の祖父はよく <u>体操をしている</u> _____ _____★ _____体がやわらかい。

②「わりには」의 앞에 동사, 형용사, 명사 [〜の] 가 온다. 여기서는 명사「年齢」밖에 없다 ⇒「年齢の わりには」

③「からか」(=「から [이유] +か」) 의「から」의 앞에 동

사, 형용사, 명사 [〜だ／だった] 가 온다. 여기서는 동사「している」밖에 없다 ⇒「体操をしている からか」
私の祖父はよく <u>体操をしている</u> <u>からか</u> _____★ _____体がやわらかい。

④ 세 번째 빈칸 , 네 번째 빈칸에「年齢の わりには」가 온다 ⇒ 올바른 문장

⚠ ◇「年齢のわりには」=「この年齢の他の人と比べると 이 연령의 다른 사람과 비교하면」=（이 문장에서는）「年齢が 高いけれども、他の人より（体がやわらかい）연령이 높지만 다른 사람보다（몸이 유연하다）」

◇「〜からか」=「たぶん〜という理由があるからだろう 아마 〜 라는 이유가 있기 때문일 것이다」

20 정답 1

留学生には、<u>日本人との</u> <u>★交流を</u> <u>通じて</u> <u>日本文化に</u> 親しんでほしいものだ。유학생에게 일본인과의 교류를 통해서 일본 문화에 익숙해지길 바라는 것이다.

문제 풀이 TIP

POINT 〈を 通じて〉〈に 親しむ〉

①「を通じて」에 주목 ⇒「交流を 通じて」

②「交流」의 앞은「명사+との」가 어울린다（「〜と交流する」→「〜との交流」）⇒「日本人との 交流を 通じて」

③「親しむ」의 앞에「명사+に」가 온다 ⇒「日本文化に 親しんでほしいものだ」
留学生には、_____ _____★ _____ 日本文化に 親しんでほしいものだ。

④ ⇒ 첫 번째 빈칸, 두 번째 빈칸, 세 번째 빈칸에「日本人との 交流を 通じて」가 온다 ⇒ 올바른 문장

⚠ 문장의 의미 : 일본인과 교류함으로써 유학생이 일본 문화에 다가와, 일본 문화를 제대로 알게 되기를 (나는) 바라고 있다.

제 5 회

21 정답 4

雨の日は <u>道路が</u> <u>★渋滞する</u> <u>おそれが</u> <u>あります</u> から、早く家を出たほうがいいでしょう。비 오는 날은 도로가 막힐 우려가 있으니까 빨리 집을 나오는 편이 좋겠지요.

53

POINT 〈おそれがある〉

① 「おそれがある」에 주목한다 ⇒ 「おそれが あります」

② 「渋滞する」의 앞은 「道路が」가 어울린다 ⇒ 「道路が 渋滞する」

③ 「おそれがある」의 앞은 동사, 형용사, 명사+の가 오지만, 여기서는 「渋滞する」밖에 없다 ⇒ 「渋滞する おそれが あります」⇒ 「道路が 渋滞する おそれが あります」⇒ 올바른 문장

⚠ 「×おそれがある」=「×かもしれない」(×는 좋지 않은 것)

---

22 정답 3

兄と弟は、亡くなった 父親の 財産を ★めぐって 争いを 続けている。형과 동생은 돌아가신 아버지의 재산을 둘러싸고 싸움을 계속하고 있다.

문제 풀이 TIP

POINT 〈をめぐって〉

① 「をめぐって」에 주목 ⇒ 「財産を めぐって」

② 「続けている」의 앞에 「명사+を」가 온다 ⇒ 「争いを 続けている」

　　兄と弟は、亡くなった＿＿＿ ＿＿＿ ★ ＿＿＿ 争いを 続けている。

③ 「亡くなった」의 뒤에는 「人」이 어울린다 ⇒ 「亡くなった 父親の」

　　兄と弟は、亡くなった 父親の ＿＿＿ ★ ＿＿＿ 争いを 続けている。

④ 「父親の」의 뒤에는 명사가 온다 ⇒ 「父親の 財産を」⇒ 「父親の 財産を めぐって」두 번째 빈칸, 세 번째 빈칸이 정해진다) ⇒ 올바른 문장

---

23 정답 1

彼女にあんなにひどいことをしてしまっては、どんなに 謝りたくても ★謝りようが ない 。그녀에게 저렇게 심한 것을 해 버려서는, 아무리 사과하고 싶어도 사과할 수 없다.

문제 풀이 TIP

POINT 〈どんなに〜ても〉〈ようがない〉

① 「どんなに〜ても」에 주목 ⇒ 「どんなに 謝りたくても」

② 「〜ようがない」의 표현에 주목 ⇒ 「謝りようが ない」

③ ⇒ 다음의 둘 중 하나이다

　　A：「どんなに 謝りたくても 謝りようが ない」

　　B：「謝りようが ない どんなに 謝りたくても」

「謝りたくても」에서 문장이 끝나는 것은 올바르지 않다 ⇒ A가 올바르다 ⇒ 올바른 문장

⚠ 「謝りようがない」=「謝る**方法**がない 사과할 방법이 없다」

---

24 정답 1

英語が上手になるように できる かぎりの ★努力をしている つもりだ が、なかなか目標のレベルまで達しない。영어를 잘 하게 되도록 가능한 한의 노력을 할 생각이지만, 좀처럼 목표의 레벨까지 오르지 않는다.

문제 풀이 TIP

POINT 〈かぎり〉〈つもりだ〉

① 「〜かぎりの」의 뒤에 명사가 온다 ⇒ 「かぎりの 努力をしている」

② 「かぎり」의 앞에 동사, 명사 [〜である] 가 온다. 여기서는 동사 「できる」밖에 없다 ⇒ 「できる かぎりの 努力をしている」

③ 「つもりだ」가 들어가는 곳은, 다음의 둘 중 하나가 된다.

　　A：「できる」의 앞 ⇒ 「つもりだ できる かぎりの 努力をしている」

　　B：「努力をしている」의 뒤 ⇒ 「できる かぎりの 努力をしている つもりだ」

A는 의미가 통하지 않는다 ⇒ B가 올바르다 ⇒ 올바른 문장

⚠ 「できるかぎりの努力をしている」=「これ以上はできないほどたくさんの努力をしている／最大の努力をしている (최대한 노력하고 있다)」

---

25 정답 1

年々悪化していた都市の治安が、警備の強化によって ★改善しつつ ある ということだ。매년 악화되고 있는 도시의 치안이 경비의 강화에 따라 개선되고 있다고 한다.

문제 풀이 TIP

POINT 〈つつある〉〈ということだ〉〈により〉

① 「〜つつある」에 주목 ⇒ 「改善しつつ ある」

② 「ということだ」의 앞은 문장 (동사, 형용사, 명사) 가 온다. 여기서는 동사 「ある」밖에 없다 ⇒ 「改善しつつ ある ということだ」

　　年々悪化していた都市の治安が、＿＿＿ ＿＿＿ 改善しつつ ある ということだ。

③ 첫 번째, 두 번째 빈칸에 들어가는 것은 다음의 둘 중 하나가 된다.

    A：「(都市の治安が) 警備の強化 によって (改善しつつ ある)」

    B：「(都市の治安が) よって 警備の強化に (改善しつつ ある)」

④「が、」의 뒤에「より」는 오지 않으므로, B 는 올바르지 않다 ⇒ A 가 올바르다 ⇒ 올바른 문장

⚠️ ◇ 문제문의 기본 구조 :「都市の治安が 改善しつつある」

◇ 문제문의 의미 : 경찰 경비가 엄격해져서, 매년 나빠져 갔던 도시의 치안상태가 점점 좋아져 가고 있는 것 같다.

제 6 회

26 **정답 1**

この地方の冬は 気温も　低ければ　★風も　強いので 、寒さがきびしい。 이 지방의 겨울은 기온도 낮거니와 바람도 강하기 때문에 추위가 심하다.

문제 풀이 TIP

POINT 〈～も～ば～も～〉

①「風も」의 뒤는「強いので」가 어울린다 ⇒「風も 強いので」

②「気温も」의 뒤는「低ければ」가 어울린다 ⇒「気温も 低ければ」

③ ⇒ 다음의 둘 중 하나의 문장이 된다

    A：「この地方の冬は、風も 強いので 気温も 低ければ、寒さが きびしい」

    B：「この地方の冬は、気温も 低ければ 風も 強いので、寒さが きびしい」

④「～も～ば～も～」의 문형에 주목하면, A 는 어순이 올바르지 않고, 의미도 통하지 않는다. ⇒ B 가 올바르다 ⇒ 올바른 문장

⚠️「(～は、)～も～ば～も～」

🗒️「彼は歌も歌えば、踊りも踊る」
「彼女はテニスもうまければ、スキーも上手だ」
（＝彼女はテニスも上手なら、スキーもうまい）

27 **정답 3**

3 人の子の母親として毎日忙しいが、最近は ありがたい ★ことに 子どもたちが 手伝って くれるようになった。 3 명의 아이의 엄마로서 매일 바쁘지만, 최근 고맙게도 아이들이 도와주게 되었다.

문제 풀이 TIP

POINT 〈てくれる〉〈ことに〉

①「手伝って」의 뒤에「くれる」가 온다 ⇒「手伝って くれる」

  最近は、＿＿＿ ★＿ ＿＿＿ 手伝って くれるようになった。

②「手伝って (手伝う)」의 앞은「人 (명사)＋が／は」가 어울린다 ⇒「子どもたちが 手伝って くれるようになった」

  最近は、＿＿＿ ＿＿＿ ★子どもたちが 手伝って くれるようになった。

③「ことに」의 앞은 기분이나 감정을 나타내는 단어가 어울린다 ⇒「ありがたい ことに」

④ ⇒ 첫 번째 빈칸 , 두 번째 빈칸에「ありがたい ことに」 들어간다 ⇒ 올바른 문장

⚠️「Aことに」：감정, 기분을 나타내는 문장을 강조하기 위해 그 문장 앞에 들어간다. A 는 감정이나 기분을 나타내는 단어.

🗒️「驚いたことに、真冬に夏の花が咲いたそうだ」「うれしいことに」「がっかりしたことに」등

---

28 **정답 1**

辛い ときに　助け合える　★のが　真の友だち というものだ。 힘들 때에 서로 도울 수 있는 것이 진정한 친구라는 것이다.

문제 풀이 TIP

POINT 〈のが〉

①「辛い」의 뒤에 명사가 온다 ⇒ 다음의 둘 중 하나가 된다

    A「辛い ときに」　B「辛い 真の友だち」

  B 의 경우 :「辛い 真の友だち」는 의미가 통하지 않는다

  A 의 경우 :「辛い ときに」는 의미가 통한다「～ときに」의 뒤는「～する」(동사) 가 어울린다 ⇒「辛い ときに 助け合える」 ⇒ A 가 올바르다

  辛い ときに　助け合える　★　＿＿＿ というものだ。

②「のが」(「の＋が」) 앞에 문장 (동사, 형용사, 명사 [～である]) 가 온다. 여기서는 동사「助け合える」(助け合う) 밖에 없다 ⇒「助け合える のが」⇒「辛いときに 助け合える のが」

  辛い ときに　助け合える　★のが　＿＿＿ というものだ。

55

③「真の友だち」가 네 번째 빈칸에 들어간다 ⇒ 올바른 문장

⚠ ◇「～のが／のは～だ」의 문장을 강조하는 문장. 「(自分と) 真の友達は辛いときに助け合うことができる」라는 문장의 「真の友だち」를 강하게 말하기 위한 문장.

◇「～というものだ」는, 일반적으로 많은 사람들이 동의할 수 있는 생각을 말할 때 사용한다.

📝 サッカーはチームワークが大切なゲームなのに、点を入れた人だけが注目されるのは不公平というものだ。
축구는 팀워크가 중요한 게임인데, 점수를 넣은 사람만이 주목받는 것은 불공평한 것이다.

---

29 정답 **1**

時代の流れ <u>とともに</u> <u>人の考え方が</u> <u>★変化する</u> <u>のは</u> 当然のことだ。 시대의 흐름에 따라 사람의 사고 방식이 변하는 것은 당연한 일이다.

문제 풀이 TIP

POINT 〈とともに〉〈のは〉

①「変化する」의 앞은「～が」가 어울린다 ⇒「人の考えが 変化する」

②「当然のことだ」의 앞은「～は」가 어울린다 ⇒「のは 当然のことだ」
時代の流れ_____ ___ __★__ のは 当然のことだ。

③「のは」의 앞은 동사, 형용사가 오지만 여기서는 동사「変化する」밖에 없다⇒「変化する のは」⇒「人の考えが 変化する のは」
時代の流れ_____ 人の考えが __★変化する__ のは 当然のことだ。

④ 첫 번째 빈칸에「とともに」가 들어간다 ⇒「(時代の流れ) とともに 人の考えが 変化する」(시대가 변하는 것과 함께 사람의 생각도 변한다) ⇒ 올바른 문장

⚠ ◇「AとともにB」는「A의 변화와 함께 B도 변화한다」는 것을 나타내는 표현

◇「[문장＋のは] ～だ」=「～ことは～だ」

📝 知らない地方を旅行するのはおもしろい。

---

30 정답 **1**

就職について、私は、自分の能力を <u>発揮できる</u> <u>なら</u> <u>★どんな会社</u> <u>だって</u> かまわないと考えている。 취직에 대해서 나는 자신의 능력을 발휘할 수 있으면 어떤 회사라도 상관없다고 생각하고 있다.

문제 풀이 TIP

POINT 〈どんな～だって〉

①「能力を」의 뒤에 동사가 온다 ⇒「能力を 発揮できる」
就職について、私は、自分の能力を _発揮できる_ _____ __★__ _____ かまわない。

②「どんな～」의 뒤는「だって」가 어울린다 ⇒「どんな 会社 だって」(=どんな会社でも 어떤 회사라도)

③「どんな会社 だって」가 들어갈 곳을 생각하면, 다음의 둘 중 하나가 된다.
A : 두 번째와 세 번째 빈칸에 들어간다 ⇒「なら」가 네 번째 빈칸에 들어간다 ⇒「(自分の能力を) 発揮できる どんな会社 だって なら (かまわない)」
B : 세 번째와 네 번째 빈칸에 들어간다 ⇒「なら」가 두 번째 빈칸에 들어간다 ⇒「(自分の能力を) 発揮できる なら どんな会社 だって (かまわない)」

④「なら」의 앞에「だって」는 오지 않는다. 동사, 형용사, 명사가 온다 ⇒ A 는 올바르지 않다. B 의「発揮できる なら」가 올바르다 ⇒ 올바른 문장

⚠ ◇문장의 의미 : 취직에 대해 나는, 자신이 가지고 있는 실력을 살릴 수 있는 회사라면, 어떤 회사라도 좋다고 생각하고 있다.

제 7 회

31 정답 **1**

私が 遅刻した <u>せいで</u> <u>★予定通りに</u> <u>出発できなくなり</u> 、本当に申し訳ありません。 제가 지각한 탓에 예정대로 출발할 수 없게 되어 정말로 죄송합니다.

문제 풀이 TIP

POINT 〈せいで〉

①「せいで」의 앞에 문장(동사, 형용사, 명사 [～の])가 온다. 여기서는 동사「遅刻した」밖에 없다 ⇒「遅刻した せいで」

②「遅刻した」의 앞은「명사 (人) ＋が／は」이 온다
⇒「私が 遅刻した せいで」
私が 遅刻した _せいで_ __★__ _____ 、本当に申し訳ありません。

③「予定通りに」의 뒤는 동사가 어울린다 ⇒「予定通りに 出発できなくなり」(세 번째, 네 번째 빈칸이 정해진다) ⇒ 올바른 문장

32 정답 1

買い物に <u>行こうと</u> <u>家を</u> <u>★出た</u> <u>とたんに</u> 雨が降ってきた。
쇼핑하러 가려고 집을 나가자마자 비가 왔다.

문제 풀이 TIP

POINT 〈たとたんに〉〈を 出る〉

① 「〜た とたんに」에 주목 ⇒ 「出た とたんに」
② 「出た」의 앞에 「명사(장소)＋を」가 온다 ⇒ 「家を 出た とたんに」
③ 「買い物に」의 뒤는 「行く」가 어울린다 ⇒ 「買い物に 行こうと」
買い物に <u>行こうと</u> ＿＿ ＿★＿ ＿＿雨が降ってきた。
④ ⇒ 두 번째 빈칸, 세 번째 빈칸, 네 번째 빈칸에 「家を 出た とたんに」가 온다 ⇒ 올바른 문장
⚠ 「〜たとたんに」＝「〜(し)たすぐ後／ほとんど同時に ～하자 마자」

33 정답 4

彼女の演奏の <u>すばらしさ</u> <u>といったら</u> <u>★言葉では</u> <u>言い表せない</u> ほどです。 그녀의 연주의 훌륭함으로 말할 것 같으면 말로는 표현하지 못할 정도입니다.

문제 풀이 TIP

POINT 〈〜といったら〉〈ほど〉

① 「といったら」의 앞에 명사가 온다 ⇒ 「すばらしさ といったら」
② 「演奏の」의 뒤에 명사가 온다 ⇒ 다음의 둘 중 하나가 된다
A「演奏の すばらしさ」 B「演奏の 言葉では」
③ 의미적으로 A가 좋다 ⇒ 「演奏の すばらしさ といったら」
彼女の演奏の <u>すばらしさ</u> <u>といったら</u> ＿★＿ ＿＿ ほどです。
④ ⇒ 세 번째 빈칸, 네 번째 빈칸에는 다음의 둘 중 하나가 된다
A「言葉では 言い表せない （ほどです）」
B「言い表せない 言葉では （ほどです）」
「〜では＋ほど」는 문법적으로 올바르지 않다.
⇒ A는 올바르다 ⇒ 올바른 문장
⚠ ◇「〜といったら」는 「〜」를 강조한다.
◇「〜ほど」는 어느정도인가하는 정도의 높이를 나타낸다

◇문장의 의미 : 그녀의 연주는 매우 훌륭해서, 그 훌륭함을 말로 나타내는 것은 불가능하다.

34 정답 1

難しくありません。これ <u>くらいの</u> <u>★問題</u> <u>なら</u> <u>私にも</u> 解けます。 어렵지 않습니다. 이 정도의 문제라면 나도 풀 수 있습니다.

문제 풀이 TIP

POINT 〈くらい〉

① 「解けます」(가능형)의 앞은 「私にも」가 어울린다 (네 번째 빈칸이 정해진다)
これ＿＿ ＿★＿ ＿＿ <u>私にも</u> 解けます。
② 「これ」의 뒤에는 명사는 오지 않는다 ⇒ 다음의 둘 중 하나가 된다
A : 「これ くらいの」 B : 「これ なら」
A의 경우 : 「くらいの」의 뒤에 명사가 온다 ⇒ 「これ くらいの 問題 なら 私にも 解けます」
B의 경우 : 「これ なら 問題 くらいの 私にも 解けます」 또는, 「これ なら くらいの 問題 私にも 解けます」
B의 두 개의 문장은 의미가 통하지 않으므로, A가 올바르다 ⇒ 올바른 문장
⚠ ◇「これくらいの問題」＝「この程度の問題」(이 경우에는 「정도가 낮다, 어렵지 않은 문제」라는 의미)
◇「私にも解けます」: 가능동사(동사가능형／「できる」)를 사용하는 문장의 기본적인 형태우 〈(人)に〉(こと)が 가능동사〉

35 정답 2

環境悪化が急速に進む今、我々は力を <u>合わせて</u> <u>★この地球を</u> <u>救おう</u> ではありませんか。 환경 악화가 급속하게 진행되는 지금, 우리들은 힘을 모아서 이 지구를 구하지 않겠습니까?

문제 풀이 TIP

POINT 〈〜うではありませんか〉

① 「〜う(의지형)＋ではありませんか」의 표현에 주목 ⇒ 「救おう ではありません か」
我々は力を＿＿ ＿★＿ ＿＿ <u>救おう</u> ではありません か。
② 「救う」의 앞에 「명사＋を」가 온다 ⇒ 「この地球を 救おう ではありません か」
我々は力を＿＿ <u>★この地球を</u> <u>救おう</u> では ありませんか。

③ ⇒ 첫 번째 빈칸에「合わせて」가 들어간다 ⇒ 올바른 문장

⚠️◇「~ではありませんか／~ではないか」=「~しましょう／~しよう ~ 합시다」(스피치나 문장에서 사람들에게 강하게 호소할 때 사용한다)

📝 みんなで町をきれいにしようではありませんか。

◇문제문의 의미 : 지금, 지구의 환경이 점점 나빠져가고 있습니다. 우리들은 모두 하나가 되어, 이 지구의 환경을 좋게 만듭시다.

제 8 회

36 정답 3

我が社は アジア諸国を はじめ ★世界の 国々を 相手に貿易を行っています。

우리 회사는 아시아 모든 나라를 비롯해 세계 여러 나라를 상대로 무역을 하고 있습니다.

문제 풀이 TIP

POINT 〈を はじめ〉

①「A をはじめ B」의 A, B 에는 명사가 온다 ⇒ 다음의 둘 중 하나가 된다
(1)「アジア諸国を はじめ 世界の 国々を」
(2)「世界の 国々を はじめ アジア諸国を」

②「A をはじめ B」의 표현에서는 A 는 B 중의 대표 예이므로, B 쪽이 넓은 범위「世界の国々」가 된다. (1)은,「アジア諸国(A)는 세계의 국々(B) 의 대표 예」로 올바르다 ⇒ (1)가 올바른 문장

⚠️「(人)を相手に~する (사람) 을 상대로 ~ 하다」

📝 お父さんが子供を相手にボール遊びをしている。

37 정답 4

この企業は決して 大企業とは ★言えないが 日本 のみならず アメリカでも知られている。

이 기업은 결코 대기업이라고는 할 수 없지만 일본뿐 아니라 미국에도 알려져 있다.

문제 풀이 TIP

POINT 〈のみならず〉

①「のみならず」의 앞과 뒤에 같은 종류의 단어가 온다 ⇒「日本のみならずアメリカでも」
この企業は＿＿ ＿★＿ 日本 のみならず アメリカでも知られている。

---

②「言えないが」의 앞은「~とは」가 어울린다 ⇒「大企業とは 言えないが」(첫 번째 빈칸, 두 번째 빈칸이 정해진다) ⇒ 올바른 문장

⚠️「~のみならず」=「~だけでなく ~ 뿐만 아니라」

38 정답 1

親友と別れる ことが どんなに ★辛い ことか あなたにも想像できるでしょう。 친한 친구와 헤어진 것이 얼마나 괴로운 것인지 당신에게도 상상할 수 있을까요.

문제 풀이 TIP

POINT 〈ことか〉

①「~ことか」의 문장은「どんなに／どれだけ／どれほど／なんと ~ ことか」의 형태가 된다 ⇒「どんなに 辛い ことか」

②⇒「ことが」가 들어가는 장소는 첫 번째 빈칸 (A) 이거나 네 번째 빈칸 (B) 가 된다.
A :「(親友と別れる) ことが どんなに 辛い ことか (あなたにも…)」
B :「(親友と別れる) どんなに 辛い ことか ことが (あなたにも…)」

B 는 의미가 통하지 않으므로, A 가 올바르다 ⇒ 올바른 문장

⚠️「~ことか」의 문장은「とても／とても 많이 매우 / 매우 많다」라는 의미를 나타낸다.「何」와 함께 쓰이는 경우가 많다.

📝 この研究をするのに何年かかったことか。(＝긴 시간이 걸렸다)
彼女に何度あやまったことか。 それでも彼女は私を許してくれなかった。

39 정답 2

先日のパーティーでは、おいしい料理をごちそうして いただいた うえに ★家まで送って いただいて ありがとうございました。 일전의 파티에서는 맛있는 요리를 대접해 주신 데다가 집까지 데려다 주셔서 감사했습니다.

문제 풀이 TIP

POINT 〈~ていただく〉〈うえに〉

①「ありがとう」의 앞은「~て」가 어울린다 ⇒「いただいて ありがとうございます」

先日のパーティーでは、おいしい料理をごちそうして
____ ____ ★ いただいて ありがとうござ
いました。

②「～ていただく」에 주목.「ごちそうして」의 뒤에「い
ただいた」가 온다⇒「（ごちそうして）いただいた 」
先日のパーティーでは、おいしい料理をごちそうして
__いただいた__ ___ ★ いただいて ありがと
うございました。

③「うえに」의 앞에는, 동사 て형은 오지 않는다⇒「い
ただいた うえに」
__いただいた__ __うえに__ ★ いただいて あり
がとうございました。

④ ⇒ 세 번째 빈칸에「うえに」가 들어간다 (「うえに」의
앞과 뒤는 가까운 단어, 밸런스가 좋은 단어가 온다
⇒「ごちそうしていただいた」와「家まで送っていた
だいた」의 사이에「うえに」가 온다 ⇒올바른 문장
인지를 확인한다) ⇒ 올바른 문장

40 정답 1

政治家は消費税を 8％に上げるか 10％に上げるか
で議論しているが、__どちら__ __にせよ__ ★国民の生
活が__ __苦しくなる__ ことに変わりはないだろう。 정치
가는 소비세를 8％로 올릴까 10％로 올릴까 의논하고 있
지만, 어느 쪽이든 국민의 생활이 힘들어지는 것은 변하지
않을 것이다.

문제 풀이 TIP

POINT 〈に せよ〉

①「～にせよ」는「どちらの場合も」라는 의미이므로「に
せよ」의 앞은「どちら」가 어울린다 ⇒「どちら にせよ」

②「苦しくなる」의 앞에「명사＋が／は」가 온다 ⇒「国
民の生活が 苦しくなる」

③「ことに変わりはない」의 앞에 문장(동사, 형용사, 명
사[～である])가 온다. 여기서는 동사「苦しくな
る」밖에 없다 ⇒「国民の生活が 苦しくなる ことに
変わりはない」
政治家は消費税を 8％に上げるか 10％に上げるか
で議論しているが、____ ____ ★国民の生活が
__苦しくなる__ ことに変わりはないだろう。

④ 첫 번째 빈칸, 두 번째 빈칸에 「どちらにせよ」가 들
어간다 ⇒ 올바른 문장

⚠ 문제문의 의미 : 정치가는 소비세를 8％까지 올리느냐 10％까지 올
리느냐, 어느쪽으로 할 것인가 의논하고 있지만, 어떤 경우도 마찬
가지로 국민의 생활이 어려워진다. (8％라면 좋다라는 것은 아니다)

41 정답 2

出発してから__1か月__ __も__ ★たたない__ うちに
娘は留学先から帰ってきた。 출발하고 나서 1개월도
지나지 않아서 딸은 유학하는 곳에서 돌아왔다.

문제 풀이 TIP

POINT 〈～ないうちに〉〈～も～ない〉

①「ないうちに」에 주목 ⇒「たたない うちに」

②「たたない」(「（시간이） 経つ」의「ない형」)의 앞은 시
간을 나타내는 단어가 어울린다. ⇒「1か月 たたな
い うちに」

③조사「も」의 앞에 명사가 온다 ⇒「1か月 も」⇒「1
か月 も たたない うちに」⇒

⚠ ◇「1か月もたたないうちに」=「1か月が過ぎる前にもう」
（=「早く／すぐに」）「～ないうちに」

📝 暗くならないうちに帰りましょう。
◇「～も～ない」:「少ない(적다)」를 강조한다.

📝 今お金を千円も持っていない。
（「～も～ある」는「多い(많다)」를 강조한다)

42 정답 3

健康のためには__体力に__ __応じた__ ★運動が
__大切で__、__無理をするのはよくない。 건강을 위해서는
체력에 따른 운동이 중요하고, 무리를 하는 것은 좋지 않다.

문제 풀이 TIP

POINT 〈に応じた〉

①「～に応じた」에 주목 ⇒「体力に 応じた」

②「大切で」의 뒤는 문장이 끊겨서「、」가 올 가능
성이 높다 ⇒「大切で、」
健康のためには____ ____ ____ ★ __大切で__、
無理をするのはよくない。

③「大切で」의 앞에「명사＋が」가 온다 ⇒「運動が
大切で、」
健康のためには____ ____ ★運動が__ __大切で__、
無理をするのはよくない。

④「運動」의 앞은「体力に 応じた」가 의미적으로
어울린다 ⇒「体力に 応じた 運動が 大切で」
⇒ 올바른 문장

⚠「体力に応じた運動」=「体力に合った運動 체력에 맞는 운
동」

문장의 문법 1 문장의 문법 2 말하기 문법

59

43　정답　2

さっき入った喫茶店に、<u>読みかけの</u>　<u>本を</u>　<u>★置いて</u>　<u>きて</u> しまいました。
·아까 들어간 찻집에 읽다 만 책을 두고 와 버렸습니다.

문제 풀이 TIP

POINT　〈～てしまう〉〈～てくる〉

① 「読みかけの」의 뒤에 명사가 온다 ⇒ 「読みかけの 本を」

② 「本を」의 뒤에 동사가 온다 ⇒ 다음의 둘 중 하나가 된다
　A：「本を 置いて」　B：「本を きて」
　B 는 의미가 통하지 않으므로, A 가 좋다 ⇒ 「読みかけの 本を置いて」

③ 「しまいました」의 앞에 동사 て형이 온다 ⇒다음의 둘 중 하나가 된다
　A「置いて しまいました」 B「きて しまいました」
　A 의 경우 :「さっき入った喫茶店に 読みかけの 本を 置いて しまいました」
　B 의 경우 :「さっき入った喫茶店に 読みかけの 本を 置いて きて しまいました」
　A 는 의미가 통하지 않지만, B 는 의미가 통한다
　⇒ 올바른 문장

⚠ ◇「読みかけ」=「まだ読んでいる途中」「読み終わっていない (읽다 만, 아직 다 읽지 않았다)」
　◇「置いてきてしまいました」=「置いてくる+てしまう」
　「置いてきた」=「置いて(ここへ)帰ってきた」

📝 「行ってきます (行ってくる)」=「これからどこかへ行って、またここへ帰ってくる」

44　정답　2

わが社の商品は <u>市場</u>　<u>★での</u>　<u>アンケート調査</u> <u>に</u>　<u>基づいて</u> 開発されている。 우리 회사의 상품은 시장에서의 앙케트 조사를 바탕으로 개발되고 있다.

문제 풀이 TIP

POINT　〈に基づいて〉

① 「～に基づいて」에 주목⇒「アンケート調査に 基づいて」

② 「～て(基づいて)」의 뒤에 동사가 온다 ⇒ 「基づいて 開発されている」⇒「アンケート調査に 基づいて 開発されている」
　わが社の商品は＿＿＿ ★＿＿ <u>アンケート調査に</u> <u>基づいて</u> 開発されている。

③ 「での」(で+の) 의 앞은 장소를 나타내는 명사가 온다 ⇒「市場 での」

④ 「での」의 뒤에는 명사가 온다⇒「市場 での アンケート調査に」⇒「市場 での アンケート調査に 基づいて 開発されている」(첫 번째, 두 번째 빈칸이 정해진다) ⇒ 올바른 문장

45　정답　1

この会社では <u>許可を</u>　<u>得ないで</u>　<u>★残業しては いけない</u>　<u>ことになっている</u> ので、残業をする場合は必ず報告をしてください。 이 회사에서는 허가를 얻지 않고 잔업해서는 안 되는 것으로 되어 있으므로, 잔업을 할 경우는 반드시 보고해 주세요.

문제 풀이 TIP

POINT　〈～ないで〉〈ことになっている〉

① 「ので」의 앞에 문장(동사, 형용사, 명사)이 온다. 가 여기서는 동사「(ことに) なっている」しかない ⇒「ことになっている ので」
　この会社では＿＿＿ ＿＿＿ ★＿＿
　<u>ことになっている</u> ので、残業をする場合は必ず報告をしてください。

② 「～ないで」의 뒤에 동사가 온다⇒「得ないで 残業してはいけない」

③ 「得ないで」의 앞은「명사+を」가 어울린다 ⇒「許可を 得ないで 残業してはいけない」(첫 번째 빈칸, 두 번째 빈칸, 세 번째 빈칸이 정해진다) ⇒ 올바른 문장

⚠ ◇「～ことになっている」=「～ことに決まっている」
　◇문장의 의미 : 이 회사에서는, 잔업을 할 경우, 허가를 받지 않으면 안된다고 정해져있기 때문에, 잔업을 할 경우는 보고하여 허가를 받아주세요.

제 10 회

46　정답　2

その問題は会議で <u>何時間も</u>　<u>議論した</u>　<u>★あげく</u>　<u>結論は</u> <u>出なかった</u>。 그 문제는 회의에서 몇 시간이나 회의한 끝에 결론은 나지 않았다.

문제 풀이 TIP

POINT　〈あげく〉

① 「出なかった」의 앞에「명사+が/は」가 어울린다
　⇒「結論は 出なかった」

60

その問題は会議で ＿＿＿ ＿＿＿ ★ ＿＿＿ 結論は 出なかった。

② 「会議で」의 뒤에 동사가 어울린다 ⇒ 「会議で 議論した」

③ 「あげく」의 앞에 동사 「た형」이 온다 ⇒ 「会議で 議論した あげく」

④ 「あげく」의 뒤는 결과를 나타내는 문장이 어울린다 ⇒ 「会議で 議論した あげく 結論は 出なかった」

⑤ 「何時間も」의 뒤는 「～する／した」(동사) 가 어울린다 ⇒ 「(会議で) 何時間も 議論した あげく 結論は (出なかった)」 ⇒ 올바른 문장

⚠ 「～(し)たあげく」 = 「～(し)た結果 ~ 한 결과」

---

47 정답 1

私が けがをして ＿＿＿ 試合に ★出られなかった ＿＿＿ ばかりに チームのみんなに迷惑(めいわく)がかかってしまった。 내가 다쳐서 시합에 나갈 수 없던 탓에 팀의 모두에게 폐를 끼쳐 버렸다.

문제 풀이 TIP

POINT 〈ばかりに〉

① 「ばかりに」의 앞에 동사 た형, な형용사 [～な] , 명사 [～である] 가 온다. 여기서는 「동사 た형」밖에 없다 ⇒ 「出られなかった ばかりに」 「私がばかなばかりに」

② 「出られなかった」의 앞은 「試合に」가 어울린다 ⇒ 「試合に 出られなかった ばかりに」

③ 「試合に出られなかった」의 앞은 의미적으로 「けがをして」가 어울린다 ⇒ 「けがをして 試合に 出られなかった ばかりに」 ⇒ 올바른 문장

⚠ 문제문의 의미 : 내가 다쳐서 시합에 나가지 못하였기 때문에, 팀 모두에게 폐를 끼치게 되었다. (폐를 끼친 다른 이유는 없다)

---

48 정답 2

この靴は、バーゲンで ＿＿＿ 買った ★値下げ品 にしては 丈夫ではきやすい。 이 신발은 바겐에서 산 가격 인하 상품치고는 튼튼하고 신기 쉽다.

문제 풀이 TIP

POINT 〈にしては〉

① 「にしては」의 앞에 명사, 또는 동사 보통형이 온다 ⇒ 다음의 둘 중 하나가 된다

A : 「値下げ品 にしては」
B : 「買った にしては」

② A의 경우를 생각한다 : 「値下げ品」의 앞은 「買った」가 어울린다 ⇒ 「買った 値下げ品 にしては」 「買った」의 앞은 「バーゲンで」가 어울린다 ⇒ 「バーゲンで 買った 値下げ品 にしては」 = 의미가 통한다

③ B의 경우를 생각한다 : 「バーゲンで 買った にしては」가 된다. 빈칸에 넣으면,
(1) 「値下げ品 バーゲンで 買った にしては (丈夫ではきやすい)」
(2) 「バーゲンで 買った にしては 値下げ品 (丈夫ではきやすい)」
(1) 도 (2) 도 올바르지 않다 ⇒ B는 올바르지 않다 ⇒ A가 올바른 문장

⚠ ◇「Aにしては」: A에서 예상되는 정도와 다를 것을 나타낸다.
◇ 문제문의 의미 : 바겐세일 때 산 구두라서, 그다지 질이 좋지 않을 것이라고 생각하는 것이 일반적이지만, 이 구두는 의외로 튼튼하고 신기 편하다.

---

49 정답 3

天気予報では午後から 晴れる ＿＿＿ と言っていたが ★予報に ＿＿＿ 反して ＿＿＿ 今もまだ雨が降り続いている。 일기 예보에서는 오후부터 맑다고 했지만, 예측과 반대로 지금도 아직 비가 계속 내리고 있다.

문제 풀이 TIP

POINT 〈に反して〉〈と言っていた〉

① 「午後から」의 뒤에 동사가 온다 ⇒ 「午後から 晴れる」 (첫 번째 빈칸이 정해진다)

② 「と言っていた」의 전에 문장(동사, 형용사, 명사)이 온다. 여기서는 동사 「晴れる」밖에 없다 ⇒ 「晴れる と言っていたが」
天気予報では午後から 晴れる ＿＿＿ と言っていたが ＿＿＿ ★ ＿＿＿ 今もまだ雨が降り続いている。

③ 「反して」의 앞에 「명사+に」가 온다 ⇒ 「予報に 反して」 (세 번째 빈칸, 네 번째 빈칸이 정해진다)

⚠ 「予報に反して」 = 「予報と反対に／予報とちがって」

---

50 정답 1

電車内で人目(ひとめ)も かまわず ★化粧をする 女性の ＿＿＿ 行動を 批判(ひはん)する投書(とうしょ)が新聞に載(の)った。 전철 안에서 다른 사람 눈도 상관하지 않고 화장을 하는 여성의 행동을 비판하는 투서가 신문에 실렸다.

POINT 〈も かまわず〉

① 「～も かまわず」에 주목 ⇒ 「人目も かまわず」

電車内で人目も かまわず ＿★＿ ＿＿＿ ＿＿＿
批判する投書が新聞に載った。

② 「批判する」의 앞에 「명사+を」가 온다 ⇒ 「行動を 批判する」

電車内で人目も かまわず ＿★＿ ＿＿＿
行動を 批判する投書が新聞に載った。

③ 「女性の」의 뒤에 명사가 온다 ⇒ 「女性の 行動を 批判する」

電車内で人目も かまわず ＿★＿
女性の 行動を 批判する投書が新聞に載った。

④ ⇒ 두 번째 빈칸에 「化粧をする」가 들어간다 ⇒ 올바른 문장

⚠◇ 「人目もかまわず」＝「まわりの人が見ていても平気で」
◇ 문제문의 의미 : 전철 안에서, 주위사람들이 보고 있어도 태연하게 화장을 하는 여자의 행실이, 좋지 않다고 하는 투서가 신문에 실렸다.

51 정답 4

宝くじが 当たった といっても ★たった
5,000 円 なので、たいしたものは買えない。
복권이 당첨됐다고 해도 겨우 5,000 엔이므로 대단한 것은 살 수 없다.

POINT 〈といっても〉

① 「なので」의 앞에 な형용사나 명사가 온다. 여기서는 명사 「5,000 円」밖에 없다 ⇒ 「5,000 円 なので」

宝くじが＿＿＿ ＿＿＿ ＿★＿
5,000 円 なので、たいしたものは買えない。

② 「たった」의 뒤에 양을 나타내는 명사가 온다
⇒ 「たった 5,000 円 なので」

宝くじが＿＿＿ ＿＿＿ ★たった
5,000 円 なので、たいしたものは買えない。

③ 「といっても」의 앞에 문장(동사, 형용사, 명사)가 온다. 여기서는 동사 「当たった」밖에 없다 ⇒ 「当たった といっても」(첫 번째 빈칸, 두 번째) ⇒ 올바른 문장

⚠◇ 「AといってもB～」「A、(だ)が/でもB」 (A 에서 연상, 예상 할 수 있는 것을 B 에서 수정한다)

◇ 문제문의 의미 : 복권이 당첨됐다. (복권이 당첨되었다고 하면, 큰 금액이 당첨되었다고 생각하겠지만,) 얼마 안되는 5000 엔이니, 비싼 것은 살 수 없다.

52 정답 3

疲れているときは 何も ★考えずに 寝る
に 限る。
피곤할 때는 아무것도 생각하지 않고 자는 것이 최고이다.

POINT 〈に限る〉

① 「～に限る」에 주목한다 ⇒ 「に 限る」

疲れているときは＿＿＿ ＿★＿ ＿＿＿ に 限る。

② 「に限る」의 앞은 동사 사전형, 명사가 온다. 여기서는 동사 「寝る」밖에 없다 ⇒ 「寝る に 限る」

疲れているときは＿＿＿ ＿★＿ 寝る に 限る。

③ 「何も」의 뒤에 「ない」라는 의미의 말이 온다
⇒ 「何も考えずに」 (첫 번째, 두 번째 빈칸이 정해진다) ⇒ 올바른 문장

⚠ 「Aに限る」＝「Aが一番いい A 가 가장 좋다」

53 정답 4

カレンダーに ちゃんと 書いて ★おいた
にもかかわらず、妻の誕生日を忘れてしまった。
달력에 제대로 써 뒀음에도 불구하고 아내의 생일을 잊어버리고 말았다.

POINT 〈にもかかわらず〉〈～ておく〉

① 「にもかかわらず」의 앞에 명사나 동사 보통형이 온다. 여기서는 동사 보통형은 「おいた」밖에 없다
⇒ 「おいた にもかかわらず」

② 「おいた」의 앞에 「～て」가 어울린다 (～ておく)
⇒ 「書いて おいた にもかかわらず」

③ 「書いて おいた」의 앞에 「명사(장소) +に」가 온다
⇒ 「カレンダーに 書いて おいた にもかかわらず」

④ 「ちゃんと」는 동사의 앞에 온다 ⇒ 「ちゃんと 書いて おいた にもかかわらず」 ⇒ 올바른 문장

⚠ 「～にもかかわらず」＝「～のに」

日本を 代表する 鉄道 ★というと 新幹線では ないだろうか。 일본을 대표하는 철도라고 하면 신칸 센이지 않을까.

문제 풀이 TIP

POINT 〈～ではないだろうか〉〈～というと〉

① 「ないだろうか」의 앞에 「では」가 온다⇒「新幹線では ないだろうか」

日本を＿＿＿ ＿＿＿ ＿★＿ 新幹線では ないだろうか。

② 「日本を」의 뒤에 동사가 온다 ⇒ 日本を 代表する (첫 번째 빈칸이 정해진다)

日本を 代表する ＿＿＿ ＿★＿ 新幹線では ないだろうか。

③ 첫 번째 빈칸과 두 번째 빈칸은 다음의 둘 중 하나가 된다

A：「鉄道 というと」 B：「というと 鉄道」

A⇒「（日本を）代表する 鉄道 というと 新幹線 では（ないだろうか）」

B⇒「（日本を）代表する というと 鉄道 新幹線 （ではないだろうか）」

④ B 의 문장의 「鉄道 新幹線」는 올바르지 않다 ⇒ A 가 올바르다 ⇒ 올바른 문장

⚠◇「AというとBだ」＝「Aの代表的なものはBだ」（＝「Aと いえばBだ」A 라고 하면 B 다）

◇「～ではないだろうか」＝「～だと思う ~ 라고 생각한다」

55 정답 2

この町にある建物が 世界遺産に ★登録された のを 契機に、町全体を観光地にしようという 動きがある。 이 마을에 있는 건물이 세계 유산에 등록된 것을 계기로 마을 전체를 관광지로 하려는 움직임이 있다.

문제 풀이 TIP

POINT 〈を契機に〉

①「～を契機に」에 주목 ⇒「のを 契機に」

②「の」(＝こと) 의 앞에 문장 (동사, 형용사, 명사 [～ な])가 온다. 여기서는 동사「登録された」밖에 없다 ⇒「登録された のを 契機に」

③「世界遺産に」가 들어가는 곳은 첫 번째 빈칸 또는, 네 번째 빈칸에 들어간다. ⇒ 올바른 문장

A：「（この町にある建物が）世界遺産に 登録され た のを 契機に、……」

B：「（この町にある建物が）登録された のを 契機 に 世界遺産に、……」

④ B 는 의미가 통하지 않는다 ⇒ A 가 올바르다 ⇒ 올 바른 문장

⚠◇「～を契機に」＝「～が始まりになって／～の機会に」 （＝「～をきっかけに」~을 계기로）

✐ アメリカの大企業が経営に失敗したことを契機に、 世界中の経済が急速に悪化した。

◇문제문의 의미：이 마을에 있는 건물이 세계위산으로 등록되었다. (이는 좋은 기회이므로) 이 기회에, 건물뿐만 아니라 마을 전체를 관 광지로 하자라는 생각, 운동이 있다.

56 정답 2

30 ページの宿題だから、一日 3 ページずつ やれば 10 日で ★終わる わけ です。 30 페이지의 숙제이므로, 하루에 3 페이지씩 하면 10 일로 끝날 것입니 다.

문제 풀이 TIP

POINT 〈わけだ〉

①「です」의 앞에 명사 또는 형용사가 온다 ⇒「わけ です」

一日 3 ページずつ＿＿＿ ＿＿＿ ＿★＿ わけ です。

②「わけです」의 앞에 문장(동사, 형용사, 명사)이 온 다. 여기서는 동사「終わる」밖에 없다 ⇒「終わる わけ です」

一日 3 ページずつ＿＿＿ ＿＿＿ ＿★終わる＿ わけ です。

③「一日 3 ページずつ」의 뒤에 동사가 온다 ⇒「一日 3 ページずつ やれば」

一日 3 ページずつ やれば ＿＿＿ ＿★終わる＿ わけ です。

④ ⇒ 두 번째 빈칸에 「10 日で」가 들어간다 ⇒ 올바 른 문장

⚠「～わけだ」＝「～は当然の結果だ」「当然～だ」당연히 ~ 다

57 정답 2

手術の直後はまったく動けなかったが、時間が ★たつに したがって 体力が 回復してきた。 수술 직후는 전혀 움직일 수 없었지만, 시간이 지남에 따라 체력이 회복했다.

POINT 〈に したがって〉

① 「～にしたがって」에 주목 ⇒ 「たつに したがって」

② 「たつ」의 앞은 「時間が」가 어울린다 ⇒ 「時間が たつに」

③ 「回復してきた」의 앞은 「体力が」가 어울린다
　⇒ 「体力が 回復してきた」
　____ ____ ★ ____ 体力が 回復してきた。

④ ⇒첫 번째 빈칸, 두 번째 빈칸, 세 번째 빈칸에 「時間
　が たつに したがって」가 들어간다 ⇒ 올바른 문장

⚠「時間がたつにしたがって」=「時間がたつのといっしょ
　に、だんだん 시간이 지남에 따라 점점」

---

58 정답 3

その映画は日本でも <u>上映される</u> <u>ことに</u> <u>★な</u>
<u>っている</u> <u>とか</u>。そのときはぜひ映画館で見たいも
のです。 그 영화는 일본에서도 상영되는 것으로 되었다던
데. 그 때는 꼭 영화관에서 보고 싶은 것입니다.

POINT 〈とか〉〈ことになる〉

① 「～とか」(들은 것을 전하는 표현) 는 문말에서 사용
　한다 ⇒ 네 번째 빈칸에 「とか」가 들어간다
　その映画は日本でも____ ____ ★ ____ とか。

② 「～ことになっている (ことになる)」 표현에 주목한다
　⇒ 「ことに なっている」

③ 「ことになっている」의 앞에 동사 사전형이 온다
　⇒ 「上映される ことに なっている」(첫 번째 빈칸,
　두 번째 빈칸, 세 번째 빈칸이 정해진다) ⇒ 올바
　른 문장

⚠문제문의 의미 : 그 영화는 일본에서도 상영되는 것이 정해졌다고 한
　다. 상영되면 꼭 영화관에서 보고 싶다고 생각한다.

---

59 정답 4

<ruby>景気<rt>けいき</rt></ruby>が悪くて<ruby>就職<rt>しゅうしょく</rt></ruby>が難しいといっても、いつまでも
<u>働かずに</u> <u>★遊んでいる</u> <u>わけには</u> <u>いかな</u>
<u>い</u> ので、友人の店でアルバイトを始めた。 경기가
나빠서 취직이 어렵다고 해도 언제까지나 일하지 않고 놀고
있을 수는 없으니까 친구 가게에서 아르바이트를 시작했다.

POINT 〈わけにはいかない〉〈～ずに〉

① 「わけにはいかない」에 주목 ⇒ 「わけには いかない」

② 「わけには いかない」의 앞에 동사가 온다
　⇒ 「遊んでいる わけには いかない」

③ 「働かずに」는 「働かないで」의 의미이므로、「遊んで
　いる」의 앞이 어울린다 ⇒ 「働かずに 遊んでいる
　わけには いかない」 ⇒ 올바른 문장

⚠「～わけにはいかない」=「～ことはできない／だめだ」
　「～(する)ことは許されない状況だから～できない」

📝試験だから、遅刻をするわけにはいかない。

---

60 정답 2

火事が起きたときは、<u>人を助ける</u> <u>どころではなく</u>
<u>★自分が逃げる</u> <u>ことで</u> 頭がいっぱいだった。
でもみんな無事でよかった。
화재가 일어났을 때 다른 사람을 구하기는커녕 자신이 피하
는 것으로 머리 속이 가득이었다. 그래도 모두 무사해서 다
행이다.

POINT 〈どころではなく〉

① 「(頭が) いっぱい」의 앞은 「명사＋で」가 어울린다
　⇒ 「ことで 頭がいっぱいだった」
　火事が起きたときは、____ ____ ★ ____ ことで
　頭がいっぱいだった。

② 「A どころではなく B」의 A, B 는 같은 종류의 단어가
　온다 ⇒ 첫 번째 빈칸, 두 번째 빈칸, 세 번째 빈칸
　은 다음의 둘 중 하나가 된다.
　(1) 「人を助ける どころではなく 自分が逃げる」
　(2) 「自分が逃げる どころではなく 人を助ける」
　「でも、みんな無事でよかった」에서「人を助けること
　をしなかったけれども、みんな無事だった」ことがわ
　かる ⇒「自分が逃げることで 頭がいっぱいだっ
　た」⇒ (1)이 세 개의 빈칸에 들어간다 ⇒ 올바른
　문장

⚠◇「A どころではなく B」＝まったく A ではなく B／A しな
　いで B(A를 강하게 부정한다)

📝インフルエンザにかかり、仕事をするどころではな
　く、起き上がることもできなかった。

◇문제문의 의미 : 화재가 발생되었을 때, 사람을 구하는 것은 너무나
　무리였고, 사람보다는 여화로 자신부터 도망가자라고 밖에 생각할 수
　없었다.

61 정답 **3**

_{しゅっちょう}
出張で大阪支社に 行く ついでに ★京都に
住んでいる 学生時代の友達に会うつもりだ。
출장으로 오사카 지사에 가는 김에 교토에 살고 있는 학생
시절의 친구를 만날 생각이다.

문제 풀이 TIP

POINT 〈ついでに〉

① 「ついでに」의 앞에 동작을 나타내는 동사의 사
전형／た형, 또는 명사 [～の] 가 온다. 여기서는
동사 사전형 「行く」밖에 없다⇒「行く ついでに」

② 「行く」의 앞에 「장소+に／へ」가 온다 ⇒ 「出張で大
阪支社に 行く ついでに」
出張で大阪支社に 行く ついでに ★
＿＿＿＿ 学生時代の友達に会うつもりだ。

③ 「住んでいる」의 앞은 「장소+に」가 어울린다
⇒ 「京都に 住んでいる」

④ 세 번째 빈칸, 네 번째 빈칸에 「京都に 住んでいる」
가 들어간다 ⇒ 올바른 문장

⚠ [Aついでに B]=「A(する／の)とき、いっしょにBもす
る A하는 김에 B 하다」(A 가 주가 되는 동작)

62 정답 **1**

最近は 大人 ばかりでなく ★子ども
までも 食事のカロリーを気にするようになっている。
최근에는 어른 뿐만 아니라 아이까지도 식사 칼로리를 신경
쓰게 되었다.

문제 풀이 TIP

POINT 〈Aばかりでなく B（まで）も〉

① 「Aばかりでなく B（まで）も」의 A, B 에는 같은 종
류의 단어가 온다 ⇒ 다음의 둘 중 하나가 된다
(1) 「子ども ばかりでなく 大人 までも」
(2) 「大人 ばかりでなく 子ども までも」
이 표현은 A 보다 B 쪽을 강조하는 표현으로, 「B さ
え」 라는 의미⇒「子ども」를 강조하는 쪽이 문장
의 의미에 어울린다 ⇒ B 는 「子ども」⇒ (2) 가
올바른 문장

⚠ 문제문의 의미 : 식사의 칼로리를 신경 쓰는(= 살찌지 않도록 신경
쓰는) 것은, 전에는 어른들뿐이었다. 그러나, 최근에는 어린이들도
칼로리를 신경 쓰게 되었다

63 정답 **1**

ずっと連絡を待っていたのだろう。
_よ   _だ _{おん}
彼女は、呼び出し音が 鳴るか 鳴らない
★かの うちに 電話に出た。계속 연락을 기다렸
던 것이겠지요. 그녀는 벨이 울리자마자 전화를 받았다.

문제 풀이 TIP

POINT 〈A か B ないかのうちに〉

① 「A か B ないかのうちに」의 표현에 주목. A 에 동
사 사전형／た형, B 에 같은 동사의 「ない형」이
들어간다 ⇒ 「鳴るか 鳴らないかの うちに」 ⇒ 올
바른 문장

⚠ 문제문의 의미 : 그녀는 전화의 호출음이 울리는 것과 거의 동시에
전화를 받았다.

64 정답 **3**

以前はお金や地位を求めていたが、最近は 愛す
る家族 さえ ★いれば 幸せだ と思うように
なった。 이전은 돈이나 지위를 추구했지만, 최근은 사
랑하는 가족만 있으면 행복하다고 생각하게 되었다.

문제 풀이 TIP

POINT 〈さえ～ば〉

① 「と思う」의 앞에 문장(동사, 형용사, 명사) 이 온
다. 여기서는 「幸せだ」(な형용사 보통형) 밖에 없
다 ⇒ 「幸せだ と思う」
以前はお金や地位を求めていたが、最近は＿＿＿
＿＿＿＿＿ ★ 幸せだ と思うようになった。

② 「さえ」의 뒤에 「～ば」가 온다⇒「さえ いれば」

③ 「さえ」의 앞은 「さえ」의 뒤의 동사 「いる」의 주어
가 온다 ⇒ 「愛する家族 さえ いれば」 (첫 번째
빈칸, 두 번째 빈칸, 세 번째 빈칸이 정해진다)
⇒ 올바른 문장

⚠ 「～さえ～ば」=「(～が) ～ば、それだけでいい ~ 만 있으면
그것로 된다」

📝 「家族と離れていても、友だちさえいれば、さびしく
ない」

65 정답 **4**

結婚式のケーキは 味は ともかく ★見た目は
_{ごうか}   _{はな}
豪華な ほうがいい。 결혼식 케이크는 맛은 어쨌든 간
에 보기에 화려한 편이 좋다.

문제 풀이 TIP

POINT 〈ほうがいい〉〈はともかく〉

① 「ほうがいい」의 앞에 동사, い형용사 [〜い], な형용사 [〜な], 명사 [〜の] 가 온다. 여기서는 な형용사 「豪華な」 밖에 없다 ⇒ 「豪華な ほうがいい」

結婚式のケーキは＿＿＿ ＿＿＿ ＿★＿ 豪華な ほうがいい。

② 「はともかく」의 앞과 뒤에는 같은 종류의 단어 가 온다 ⇒ 「味は」와 「見た目は」⇒ 다음의 둘 중 하나가 된다

A : 「味は ともかく 見た目は」

B : 「見た目は ともかく 味は」

「味が豪華だ」라고는 말하지 않지만 「見た目が 豪華だ」라고 말하므로 ⇒ 「見た目は 豪華なほ うがいい」

結婚式のケーキは＿＿＿ ＿＿＿ ＿★見た目 ＿ 豪華な ほうがいい。

⇒ 첫 번째, 두 번째 빈칸에 「味は ともかく」가 들어 간다 ⇒ 올바른 문장

⚠ ◇「〜はともかく(として)」＝「〜は特に問題にしないで ～을 특별히 문제삼지 않고」

◇ 문제문의 의미 : 결혼식 케이크는 특별히 맛있지 않아도 되지만, 외형 (형태나 크기)이 중요하므로, 화려한 것이 좋다.

제 14 회

66 정답 4

大学に 受験書類を ＿送った＿ ★ところ 締め切り日が すでに過ぎていた。 대학에 수험 서류 를 보냈는데 접수 마감일이 이미 지났다.

문제 풀이 TIP

POINT 〈〜たところ〉

① 「〜たところ」에 주목 ⇒ 「送った ところ」

② 「送る (送った)」의 앞은 「〈場所〉 に／へ〈物〉を」가 어울린다 ⇒ 「大学に 受験書類を 送った ところ」

大学に 受験書類を ＿送った＿ ★ところ ＿＿＿ すでに過ぎていた。

③ ⇒ 「締め切り日が」가 네 번째 빈칸에 들어간다 가 第 4 空白에 들어간다 ⇒ 올바른 문장

⚠ 「(し)たところ〜」＝「(し)たら〜」

67 정답 1

母親は、 就職できない ★息子のことを 心配 する あまり 病気になってしまった。 어머니는 취직 하지 못 하는 아들을 너무 걱정한 나머지 병에 걸려 버렸다.

문제 풀이 TIP

POINT 〈あまり〉

① 「A あまり B」의 A 는 원인, B 는 결과를 나타낸다 ⇒ 「心配する」가 원인으로 , 「病気になってしまった」 가 결과 ⇒ 「心配する あまり 病気になってしまった」

母親は、＿＿＿ ＿★＿ 心配する あまり 病気 になってしまった。

② 「心配する」의 앞은 「명사+を」가 온다 ⇒ 「息子のこ とを 心配する あまり」(두 번째 빈칸이 정해진다) ⇒ 첫 번째 빈칸에 「就職できない」가 들어간다 ⇒ 「就職できない 息子のことを 心配する あまり」⇒ 올바른 문장

68 정답 1

この 商品に 関する ★お問い合わせは 販 売店 までお願いいたします。 이 상품에 관한 문의는 판매점으로 부탁드립니다.

문제 풀이 TIP

POINT 〈に 関する〉

① 「〜に関する」에 주목 ⇒ 「商品に 関する」

② 「まで」의 앞에 명사가 온다 ⇒ 「販売店 まで」

この＿＿＿ ＿＿＿ ＿★＿ 販売店 までお願いい たします。

③ 「この」의 뒤에 명사가 온다 ⇒ 次のどちらかになる

A 「この お問い合わせは〜」 B 「この 商品に」

A : 「この お問い合わせは 商品に 関する 販売店 までお願いいたします」

B : 「この 商品に 関する お問い合わせは 販売店 までお願いいたします」

④ A 는 의미가 통하지 않는다 ⇒ B 가 올바르다 ⇒ 올 바른 문장

⚠ 문제문의 의미 : 이 상품에 대해서 뭔가 질문이 있으면 상품을 팔고 있는 가게에 물어봐주세요.

69 정답 2

インターネット・ショッピングの最も良い点は、店に 足を運ぶ ★ことなく 品物が 手に入れられる ことだ。 인터넷 쇼핑의 가장 좋은 점은 가게에 발걸음을 옮길 일 없이 상품을 손에 넣을 수 있는 것이다.

문제 풀이 TIP

POINT 〈が+가능형〉〈は～ことだ〉〈ことなく〉

①「店に」의 뒤는「行く」라는 의미의 단어가 어울린다 ⇒「店に 足を運ぶ」

インターネット・ショッピングの最も良い点は、店に 足を運ぶ ★ ＿＿ ＿＿ ことだ。

②「ことだ」의 앞은 동사, 형용사, 명사 [～である] 가 오지만, 여기서는 동사「手に入れられる」밖에 없다 ⇒「手に入れられる ことだ」

店に 足を運ぶ ★ ＿＿ 手に入れられる ことだ。

③「手に入れられる」(「手に入れる」의 가능형) 의 앞은「명사+が」가 어울린다 ⇒「品物が 手に入れられる」

店に 足を運ぶ ★ 品物が 手に入れられる ことだ。

④「ことなく」의 앞에 동사 사전형이 온다 ⇒「足を運ぶ ことなく」(두 번째 빈칸이 정해진다) ⇒ 올바른 문장

⚠️◇「～ことなく」=「～しないで」

◇문제문의 의미 : 인터넷 쇼핑의 가장 좋은 점은 가게에 일부러 가지 않아도 살 수 있다는 것이다.

70 정답 1

いつもお世話になっている人ですから、その人に ど うしてもと ★言われれば やらない こともない んですが。 항상 신세지고 있는 사람이므로 그 사람이 어떻게든 이라고 하면 못 할 것도 없지만.

문제 풀이 TIP

POINT 〈～んです〉〈～ないこともない〉

①「～ないこともない」에 주목 ⇒「やらない こともない」

②「んです」의 앞에 동사, 형용사, 명사 [～な] 가 온다. 여기서는「ない」(동사「ある」의 보통형의 현재 부정형) 밖에 없다 ⇒「やらない こともない んですが」

いつもお世話になっている人ですから、その人に、 ＿＿ ★ やらない こともない んですが。

③「言われれば (言う)」의 앞은「～と」가 어울린다 (「～と言う」) ⇒「どうしてもと 言われれば」(첫 번째, 두 번째 빈칸이 정해진다) ⇒ 올바른 문장

⚠️◇「(し)ないこともない」=「(し)たくはないが、条件によっては、する場合もある 하고 싶지는 않지만 조건에 따라서는 할 경우도 있다」

◇문제문의 의미 : 신세를 진 사람이므로, 그 사람에게 「꼭 해주셨으면 하니 부탁드립니다」라고 얘기를 들었을 경우는, 해도 좋다.

제 15 회

71 정답 1

荷物の配達料金は 荷物の ★重さや 大きさに よって 異なります。 짐의 배달 요금은 짐의 무게나 크기에 따라서 다릅니다.

문제 풀이 TIP

POINT 〈～によって〉

①「～によって」에 주목.「よって」의 앞에「～に」가 온다 ⇒「大きさに よって」

②「～によって」의 뒤는「異なる」가 어울린다 ⇒「大きさに よって 異なります」

荷物の配達料金は 大きさに よって 異なります。

③「重さや」의 뒤에 명사가 온다 ⇒「重さや 大きさに」

荷物の配達料金は＿＿ ★重さや 大きさに よって 異なります。

④ 첫 번째 빈칸에「荷物の」가 들어간다 (「～の」의 뒤에 명사가 오는 것에도 올바른 것이라는 것을 확인할 수 있다) ⇒ 올바른 문장

72 정답 3

この病気は 発見が 早ければ ★早いほど 治る 可能性が高くなる。 이 병은 발견이 빠르면 빠를수록 나을 가능성이 높아진다.

문제 풀이 TIP

POINT 〈A ば B ほど〉

①「A ば B ほど」의 A, B 에는 같은 단어가 온다 ⇒「早ければ 早いほど」

②「可能性」의 앞에 문장 (동사, 형용사, 명사 [～の]) 가 온다. 여기서는 동사「治る」밖에 없다.

⇒「治る 可能性」

この病気は、＿＿ ＿＿ ★ 治る 可能性が高くなる。

67

③「発見が」가 어디에 들어갈지를 생각한다. 의미적으로 맞는 것은「発見が早い／早ければ」⇒「発見が早ければ 早いほど」(첫 번째, 두 번째, 세 번째 빈칸이 정해진다) ⇒ 올바른 문장

73 정답 3

> 私を応援してくれた 人達の ためにも ★この試合に 負ける わけにはいかない。 나를 응원해 주신 사람들을 위해서도 이 시합에 질 수는 없다.

〔문제 풀이 TIP〕

POINT 〈わけにはいかない〉

①「わけにはいかない」의 앞에 동사 사전형이 온다
⇒「負ける わけにはいかない」
私を応援してくれた＿＿＿ ＿＿ ★＿＿
負ける わけにはいかない。

②「負ける」의 앞에「명사＋に」가 온다 ⇒「この試合に 負ける」
私を応援してくれた＿＿＿ ＿＿ ★この試合に
負ける わけにはいかない。

③「人達の」의 앞은 어떤 사람들인가를 설명하는 단어가 어울린다 ⇒「私を応援してくれた人達の」
私を応援してくれた 人達の ＿＿ ★この試合に
負ける わけにはいかない。

④ ⇒ 두 번째 빈칸에「ためにも」가 들어간다 ⇒ 올바른 문장

⚠「負けるわけにはいかない」=「負けることは許されない」
(만약 진다면 응원해 준 사람에게 미안하므로 질 수는 없다)

74 정답 4

> 歌手に なりたい という気持ちが ★理解できない わけではない が、子供には安定した職業についてもらいたいと思っています。 가수에 되고 싶은 마음을 이해할 수 없는 것은 아니지만, 자식에게는 안정된 직업에 취직해 줬으면 하고 생각하고 있습니다.

〔문제 풀이 TIP〕

POINT 〈に なる〉〈わけではない〉

①「歌手に」의 뒤는「なりたい」가 어울린다 ⇒「歌手に なりたい」
歌手に なりたい ＿＿ ★＿＿
＿＿が、子供には安定した職業についてもらいたいと思っています。

②「歌手に なりたい」는「気持ち(기분)」이므로 , 그 뒤에 이어질 단어는「という気持ち」가 어울린다
⇒「(歌手に) なりたい という気持ちが」
歌手に なりたい という気持ちが ★＿＿
＿＿が、子供には安定した職業についてもらいたいと思っています。

③「理解できない」의 앞에「명사＋が」가 온다 ⇒「(歌手に) なりたい という気持ちが 理解できない」
歌手に なりたい という気持ちが ★理解できない ＿＿が、子供には安定した職業についてもらいたいと思っています。

④ ⇒「わけではない」가 네 번째 빈칸에 들어간다
⇒ 올바른 문장

⚠「～わけではない(~것은 아니다)」는「～」를 부정한다. 여기「歌手になりたいという気持ちが理解できない(가수가 되고 싶다라는 마음을 이해할 수 없다)」를 부정한다 ⇒「理解できる(이해할 수 있다) (그러나 약간 문제도 있다)」

✏ さしみを食べないわけではありませんが、生の魚はあまり好きではありません。 회를 못먹는 것은 아닙니다만, 익히지 않은 생선은 그다지 좋아하지 않습니다.

75 정답 1

> 田中さんの奥さんにはじめて会った。
> 以前から 聞いていた とおりに ★美人で 料理が 上手な方だった。
> 다나카 씨의 사모님은 처음으로 만났다. 이전부터 들었던 대로 미인에 요리를 잘 하시는 분이었다.

〔문제 풀이 TIP〕

POINT 〈とおりに〉

①「上手な～」의 앞은「料理が」가 어울린다 ⇒「料理が 上手な方だった」
以前から＿＿ ＿＿ ★＿＿ 料理が 上手な方だった。

②「とおりに」의 앞에는 동사 사전형／た형, 명사 [～の] 가 온다. 여기에는「동사 た형」밖에 없다
⇒「聞いていた とおりに」

③ 첫 번째 빈칸 , 두 번째 빈칸 , 세 번째 빈칸은 다음의 둘 중 하나가 된다 .
A：「(以前から) 美人で 聞いていた とおりに (料理が上手な～)」
B：「(以前から) 聞いていた とおりに 美人で (料理が上手な～)」

④ 처음 만난 사람이므로 A 의 「以前から美人で」는
   어울리지 않는다 ⇒ B 가 올바르다 ⇒ 올바른 문
   장

⚠ ◇문제문의 의미 : 다나카 씨의 부인를 처음 만났다. 전부터 「미인
   이고 요리를 잘하는 사람이다」라고 들었지만, 정말 그랬다.

정답　1　3　　2　1　　3　3　　4　2　　5　1

해설

문장의 뜻

> 東京のあるケーキ屋で、多くの客から「小麦アレルギーのある子どもに小麦粉を使わないケーキを│1 食べさせたい│」という声があった。これを聞いた店主は、小麦粉を使わずにいったい何が作れるかと│2 思いつつも│、大切なお客さまだから何とかしたいと思い、新しい材料をいろいろ考えてみた。そして、米の粉を│3 小麦粉の代わりに│使ってみたが、なかなかふくらまなかった。│4 ふくらまないことには│ケーキとはいえない。だが何度も試した結果、ついに米の粉でもふんわりふくらんだケーキを作ることに成功した。米を主食とする日本人│5 だからこそ│考えついたアイデアであろう。
>
> 도쿄의 어느 케이크 가게에서 많은 손님들로부터 「밀가루 알레르기가 있는 아이에게 밀가루를 사용하지 않은 케이크를 먹이고 싶다」 라는 요청을 받았다. 그것을 들은 점주는 밀가루를 사용하지 않고 과연 무엇을 만들 수 있을까 생각하면서도, 소중한 손님이니까 뭔가 하고 싶다고 생각해, 새로운 재료를 여러가지 생각해 봤다. 그리고 쌀가루를 밀가루 대신에 사용해 봤지만 좀처럼 부풀지 않았다. 부풀지 않으면 케이크라고 할 수 없다. 하지만 몇 번이나 실패한 결과, 드디어 쌀가루로도 부드럽게 부푼 케이크를 만드는 것에 성공했다. 쌀을 주식으로 하는 일본인이기에 말로 생각해 낸 아이디어일 것이다.

1 「小麦アレルギーのある子どもに小麦を使わないケーキを」：「子どもにケーキを」의 뒤에 이어질 문장으로서 적당한 것은 사역문 「～ (さ) せる」

2 빈칸 앞에 있는 문장과 뒤에 있는 문장의 관계에 주목한다.

　　앞 문장 : 「小麦を使わずにいったい何が作れるか (＝어렵다고 생각한다) 」

　　뒤 문장 : 「何とかしたい (＝밀가루를 사용하지 않은 케이크를 만들고 싶다) 」

　　⇒ 두 문장의 관계는 「でも／しかし (하지만) 」의 관계 (「難しいと思う。でも、作りたい」)

　　◆「思いつつ (も) 」＝「思うけれども／思うが (생각하지만) 」

　　📝 もっと運動をしようと思いつつも、なかなか実行できない。

3 「小麦粉を使わないケーキ」를 만든다／「米の粉を～使ってみた」⇒ 쌀가루는 「小麦粉の代わり」

　　◆「Aの代わりにBを～」「BをAの代わりに～」＝「Aをやめて Bを～ (A를 그만두고 B를 ～) 」

4 일반적으로 밀가루로 만든 케이크는 부풀어오르고 부드럽다 ⇒「ふくらまないことにはケーキとはいえない」

　　◆「～ないことには」＝「～なければ (～しなければ) 」

　　📝 健康でないことには働けない。働かないことには生活できない。

5 「米を主食とする日本人だから考えついた」。이것을 강조하면 「米を主食にしない人なら、考えつかなかった (쌀을 주식으로 하지 않는 사람이라면, 생각나지 않았다) 」의 의미가 된다.

　　◆「～からこそ」는 「～から」 (이유)를 강조하는 표현

　　📝 社会の役に立つと思うからこそ、ボランティア活動に参加している。

정답 **1** 3   **2** 4   **3** 1   **4** 1   **5** 2

[해설]

[문장의 뜻]

　近年、登山がブームになっている。しかし、登山の人気が高まる [**1** につれて]、山で起こる事故も増えている。交通の便がよく、あまり高くない山は日帰り登山ができるので人気があり、軽い気持ちで普段着^{ふだんぎ}のまま登ったり、[**2** 十分な準備をせずに] 出かけたりする人が少なくない。しかし、山の中では予想以上に体力が奪^{うば}われることを一体どれだけの人が知っているだろうか。体力が奪われると、それが脳へも影響^{えいきょう}して判断力が [**3** 弱まることになりかねない]。どんな山に登るにしても、事前^{じぜん}の準備や計画を怠^{おこた}ると、けがをするおそれはもちろんのこと、[**4** 命にかかわる事態] になるおそれもある。登山をする際は、準備を怠らずに、[**5** なによりも] 安全を第一に考えてほしいものだ。

　최근, 등산이 붐이 되고 있다. 하지만 등산의 인기가 높아짐에 따라, 산에서 일어나는 사고도 높아지고 있다. 교통편이 좋아지고, 별로 높지 않은 산은 당일치기 등산이 가능해져 인기가 있고, 가벼운 기분으로 보통복을 입은채로 올라간다든가, 충분한 준비를 하지않고 가는 사람도 적지 않다. 하지만 산 속에서는 예상 이상으로 체력이 빼기는 것을 대체 어느 정도의 사람이 알고 있을까. 체력을 빼기면 그것이 뇌에도 영향을 줘서 판단력이 약해질 수도 있다. 어떤 산에 올라가더라도 사전에 준비나 계획을 게을리하면 상처를 입을 우려는 물론, 생명에 관련된 사태가 될 우려도 있다. 등산을 할 때는, 준비를 게을리하지 말고, 무엇보다도 안전을 제일로 생각했으면 한다.

1 빈칸 앞에 있는 문장과 뒤에 있는 문장의 관계를 본다.

　앞 문장 : 「登山の人気が<u>高まる</u>」

　뒤 문장 : 「事故も<u>増えている</u>」

　⇒ 두 문장 모두「변화」를 나타내는 문장

　◆「AにつれてB」= 변화를 나타내는 문장.「Aが変わるのといっしょに、Bも変わる (A 가 변함에 따라, B 도 변한다)」

　📝 時間がたつ**につれて**、新しい生活に慣れてきた。

2 빈칸 앞의「〜たり」에 주목한다 ⇒「軽い気持ちで普段着のまま登る」와 같은 것이 빈칸에 들어간다.

3「体力が奪われる (=체력이 약해진다) 면 判断力も弱くなる (=판단력이 약해진다)」라는 의미를 추측할 수 있다

　「判断力が弱まることになりかねない」=「判断する力が弱くなる可能性がある (판단력이 약해질 가능성이 있다)」

　◆「〜かねない」=「〜 (する)可能性がある 〜(할) 가능성이 있다」(좋지 않은 가능성)

　📝 難しい計画だから、十分な準備をしないと失敗し**かねない**。

4「けがよりもっと重大なこと」가 빈칸에 들어간다

　「命にかかわる事態」=「死ぬかもしれない状況 (죽을지도 모르는 상황)」

5「安全を<u>第一に</u>考えてほしい」=「安全を他の<u>なにより</u>大切に考えてほしい」

정답 １ 4 ２ 2 ３ 3 ４ 3 ５ 1

해설

문장의 뜻

　みなさんは『サプリめし』という言葉を聞いたことがあるだろうか。「サプリ」というのは私達に不足 １ しがちな ビタミンやミネラルなどの栄養をとる助けをしてくれる食品をいう。今の時代、食事で ２ とりきれない 栄養を、サプリで補っている人は少なくない。その「サプリ」を、足りないものを補う食品としてではなく ３ 「食事」として食べる 、それが『サプリめし』である。

　現在、スーパーやコンビニでは、様々な『サプリめし』が売られている。例えばドリンク、ゼリー、クッキーなど、忙しくてゆっくり食事をする時間のない人でも簡単に食べられるものばかりである。また、両手を使わずに食べられるのも人気がある理由のひとつだそうだ。パソコンや携帯電話を ４ 使いながら でも、簡単に、必要なカロリーや栄養をとることができるからだろう。時間に追われる現代人の「食」が今、 ５ 変わりつつある 。

　여러분은『サプリめし』라는 단어를 들은 적이 있습니까? 「サプリ(보조제)」라는 것은 우리들에게 부족하기 쉬운 비타민이나 미네랄 등의 영양을 섭취하는 것을 도와주는 식품을 말한다. 요즘 시대, 식사로 섭취할 수 없는 영양을 보조제로 보충하는 사람은 적지 않다. 이「サプリ」를 부족한 것을 보충하는 식품으로서가 아니라 식사로 먹는 것, 그것이『サプリめし』이다.

　현재, 슈퍼나 편의점에서는 다양한『サプリめし』가 팔리고 있다. 예를 들어 드링크, 젤리, 쿠키 등 바빠서 천천히 식사를 할 시간이 없는 사람이라도 간단하게 먹을 수 있는 것 뿐이다. 또 양손을 쓰지 않고도 먹을 수 있는 것도 인기가 있는 이유의 하나라고 한다. 컴퓨터나 휴대전화를 사용하면서도 간단하게 필요한 칼로리나 영양을 섭취할 수 있는 것이 가능하기 때문일 것이다. 시간에 쫓기는 현대인의「식」이 지금 변하고 있다.

１ 「栄養をとる助けをしてくれる」에 주목한다 .

　　도움이 필요하다는 것은,「栄養が不足している (영양이 부족하다)」라는 것을 의미한다.

　◆「～がち」=「～することがよくある ～ 하는 것이 자주 있다」(좋지 않은 것)

　☑ 寒くなるとかぜをひき**がち**になる。

　◆「～かねない」=「～するかもしれない／可能性がある ～ 할 지도 모른다/ 가능성이 있다」(좋지 않은 것)

　☑ ダイエットをしすぎると病気になり**かねない**。

２ 「サプリで補っている人は少なくない」에 주목한다 .

　　「少なくない」=「多い (많다)」,「補う(보충하다)」는「栄養が不足している (영양이 부족하다)」라는 것을 의미한다.

　◆「～きる」=「ぜんぶ～する／完全に～する (전부 ～하다/완전히 ～하다)」

　☑ 喉がかわいていたので、ジュースを一気に**飲みきった**。　　こんなにたくさんのりんごは一人では**食べきれない**。

　　試合に負けて、選手は**疲れきった**顔をしていた。

３ 「補う食品としてではなく～」에 주목한다 .

　　「～」는「補うものではないもの (보충하는 것이 아닌 것)」, 즉「食事である (식사이다)」라는 의미의 문장이 어울린다.

４ 「～でも、…栄養をとることができる」의「～でも」에 주목한다 .

　　「～」는 일반 영양을 섭취하는 것이 어려운 상황 ⇒「使いながら (사용하면서)」

　◆「～でも ～ 라도」

　☑ そんな簡単なことは子供**でも**わかる。(=아이가 아는 것이므로, 어른이 아는 것은 당연하다)

５ 이 빈칸에는 이 글이 말하고 싶은 것이 들어간다.

　　이 글은「サプリが栄養を補うものではなく、食事になった 보조제가 영양을 보충하는 것이 아닌 식사가 되었다」라고 말하고 있다 ⇒「今、食事が変わっている 지금 식사가 변하고 있다.」

　◆「～つつある」=「(今) ～している (지금) ～하고 있다」　　　☑ この町は人口が減り**つつある**。

정답 `1` 1 `2` 2 `3` 1 `4` 1 `5` 4

해설

문장의 뜻

　　最近の若者の行動について気がついたことがある。たとえば、エレベーターに友達と二人で乗っている `1 としよう` 。二人だけで乗っているときはいつもと変わらない調子で話していても、途中の階で知らない人が乗って来たときは、会話をやめたり、 `2 声を小さくしたりする` のが普通だろうと思う。 `3 ところが` 最近の１０代の若者の中にはこのような場合に、少しも変わらずに話し続ける者が増えている `4 ようだ` 。これは、まさに公的な場所と私的な場所を分ける感覚が変化してきているからに `5 ほかならない` 。

요즘 젊은이의 행동에 대해서 알게 된 것이 있다. 예를 들면, 엘리베이터에 친구와 둘이 타고 있다고 하자. 두 사람만 타고 있을 때는 평소와 다름없는 기세로 이야기 하고 있어도, 도중의 층에서 모르는 사람이 탔을 때는, 이야기를 멈춘다든가, 목소리를 작게 하는 것이 보통이라고 생각한다. 하지만 요즘 10 대 젊은이 중에는 이런 경우에 조금도 변함없이 계속 얘기하는 사람이 늘고 있다고 한다. 이것은 바로 공적인 장소와 사적인 장소를 구분하는 감각이 변화하고 있는 것이기 때문이라고 밖에 할 수 없다.

💡

`1` 「たとえば」의 뒤에 앞에서 말한 것의 예가 온다. 여기서는 필자가 서두에서 생각한 예 (エレベーターの中 엘리베이터 안) 을 말하고 있다.

　◆「Aとする」=「Aと仮定する (A 라고 가정하다)」

　📝 1日漢字を5字覚える**とする**。そうすると、1か月で 150 字、1年で 1800 字覚えられる。

`2` 「～のが普通だろう」에 주목한다.

　「～」는 일반적인 것, 보통의 것.

　「～」는「会話をやめたり」의 같은 종류의 것⇒「会話をやめる」는 모르는 사람이 있으니까

　⇒「声を小さくする (목소리를 작게 한다)」

`3` 빈칸의 앞 문장 : = (会話をやめるのが (이야기를 멈추는 것이))「普通だろう(보통일 것이다)」

　빈칸의 뒤 문장 :「話し続ける (계속 이야기 한다)」=「普通ではない (보통이지 않다)」

　◆「A。ところが、B　A. 하지만, B」　(B：A에서 예상되는 것과 반대의 것)

　📝 映画を見に行った。**ところが**、満員で見られなかった。

`4` 빈칸의 문장은, 요즘 모습을 전하는 문장⇒「～ようだ (～라고 한다)」

`5` 「これは<u>まさに</u>……から」:「まさに」는「これは……から」를 강조하고 있으므로, 빈칸에 들어가는 것은 강조의 표현이 어울린다.

　◆「～にほかならない」=「～」를 강조한다.

　📝 私が日本に来られたのは、両親のおかげ**にほかならない**。

정답 **1** 1 **2** 3 **3** 3 **4** 2 **5** 2

해설

문장의 뜻

> 「お酒」という言葉を聞いたとき、どんな種類の酒を想像するでしょうか。
>
> 日本人の場合は「お酒」 **1 といえば**、まず日本酒を思い浮かべる人が多いでしょう。これは日本人が昔から飲んできた酒のことなのですが、**2 日本酒** という言葉は意外に新しいもので、明治時代(めいじ)の初期に使われ始めたものなのです。その頃、外国からビールやワイン、ウイスキーなどの酒が輸入され、国内でも作られるようになったときに、日本人がこれまで飲んでいた酒を他の酒と区別する **3 必要ができた** のでしょう。それまでは日本酒のことを単に「酒」、「お酒」というのが一般的でした。日本酒以外の酒がなかったら、「(お) さけ」という言葉だけでよかったわけです。
>
> 最近はビールやワインを飲む人が増える **4 につれて**、日本酒を飲む人が減っているようです。しかし、お祭りやお祝いのときには今でも日本酒は **5 なくては** ならない大切なものです。
>
> 「お酒」라는 단어는 단어를 들었을 때, 어떤 종류의 술을 상상하십니까.
>
> 일본인의 경우는「お酒」라고 하면, 우선 日本酒(일본술)를 떠올리는 사람이 많겠지요. 이것은 일본인이 옛날부터 마셔 온 술입니다만, 日本酒라는 단어는 의외로 새로운 것으로, 메이지 시대의 초기에 사용되기 시작했습니다. 이 무렵, 외국에서 맥주나 와인, 위스키 등의 술이 수입되고, 국내에서도 만들어지게 되었을 때, 일본인이 지금까지 마셨던 술을 다른 술과 구별할 필요가 생겼을 것입니다. 그때까지는 일본술을 간단히「酒」,「お酒」라고 부르는 것이 일반적이였습니다. 日本酒 이외의 술이 없었으면「(お) さけ」라는 말 만으로 괜찮았을 겁니다.
>
> 요즘은 맥주나 와인을 마시는 사람이 늘어감에 따라, 日本酒를 마시는 사람이 줄고 있다고 합니다. 하지만, 마츠리나 축하할 때에는 지금도 日本酒는 없어서는 안되는 소중한 것입니다.

1 「まず日本酒を思い浮(う)かべる」에 주목한다.
- ◆「A といえば B」=「Aを聞いてすぐ頭に浮かぶことは、B (A 를 들으면 바로 떠오르는 것은 B)」A는 화제, B 는 그 화제부터 상상할 수 있는 대표적인 것
- ✎ 春の花といえば桜(さくら)です。

2 「日本酒以外の酒がなかったら、「(お) さけ」という言葉だけでよかったわけです」⇒日本酒以外の술이 들어왔기 때문에, 구별하기 위해서「日本酒」라는 단어가 탄생했다. (이 빈칸에 들어갈 단어는 글 전체의 키워드로 뒤에 이어지는 약 다섯 행을 이해하면 알 수 있다.)

3 「(昔から飲んでいた酒を) 外国の酒と区別しなければならなかった」=「区別する必要があった (구별할 필요가 있었다)」

4 문장의 전반은「(ビールやワインを) 飲む人が増える」, 후반은「(日本酒を) 飲む人が減る」⇒ 두 개의 변화가 함께 일어난다.
- ◆「A につれて B」=「Aが変わると、いっしょにBが変わる A 가 변하면 같이 B 가 변한다」
- ✎ 時代が変わるにつれて、人々の習慣も変わる。

5 「大切なものです」에 주목한다.
- ◆「なくてはならない」=「絶対に必要な/非常に大切な/ないと困る 없어서는 안된다」
- ✎ パソコンはオフィスになくてはならないものだ。

정답　1 3　2 2　3 3　4 1　5 4

해설

문장의 뜻

「郷に入りては郷に従え」ということわざがある。これは、外国にいるときは、その国の人と同じように行動をする　1 べきだ　という意味である。　2 たとえ　短期間の旅行でも、旅先のマナーを守ることは重要である。
　マナーとは、その国が長年かけて育ててきた文化のひとつである。自分の国ではないからといって、その国の　3 マナーを無視する　ことなどしてはならない。せっかくの旅行なのに、あれもダメ、これもいけないとばかり言われると、嫌な気分になることもあるだろう。　4 しかし　、その国の人への心配りを怠らないことがその国の旅をスムーズにするのだ。本来マナーとはとても合理的なものなのである。それに慣れれば、外国にいることがむしろ　5 快く感じられる　に違いない。

「로마에 가면 로마법을 따르라」라는 속담이 있다. 이것은 외국에 있을 때는, 그 나라의 사람과 같은 행동을 해야 한다라는 의미이다. 만약 단기간의 여행이라도, 여행지의 매너를 지키는 것은 중요하다.
　매너라는 것은 그 나라가 긴 세월에 걸쳐서 키워 온 문화의 하나이다. 자신의 나라에서는 없다고 해서 그 나라의 매너를 무시하는 것 등을 해서는 안된다. 모처럼의 여행인데 이것도 안돼, 이것도 안돼라고만 들으면 싫은 기분이 될 경우도 있을 것이다. 하지만 그 나라 사람에의 배려를 게을리하지 않은 것이 그 나라의 여행을 문제없이 하는 것이다. 본래 매너란 매우 합리적인 것이다. 그것에 익숙해지면 외국에 있는 것이 오히려 기분 좋게 느껴질 틀림 없다.

1 「郷に入りては郷に従え」：「従え」가 명령형이라는 것에 주목한다.

2 빈칸의 앞 문장 : 「その国の人と同じように行動する」
　빈칸의 뒤 문장 : 「旅先のマナーを守ることは重要である」
　빈칸의 앞 문장과 뒤 문장은 같은 것을 말하고 있다.
　「短期間の旅行でも」의 「でも」에 주목 ⇒ 「たとえ〜ても」
　◆「たとえ〜ても」=「もし〜の場合でも同じように 만약 〜 의 경우라도 같게」
　　たとえ大学の先生でもこの問題はわからないだろう。

3 「からといって〜てはならない」에 주목한다.
　「自分の国ではないからといって」=「自分の国ではないからという理由で 자기 나라에서는 없다라는 이유로」
　⇒ 빈칸에는 「해서는 안될 일」이 들어간다.
　◆「AからといってBてはならない」=「Aという理由があっても、Bしてはいけない A 라는 이유가 있어도 B 해서는 안된다」
　　おなかがすいたからといって授業中にパンを食べてはいけない。

4 빈칸의 앞 문장 : 「嫌な気分になることもあるだろう」 (좋지 않은 것)
　빈칸의 뒤 문장 : 「旅をスムーズにする」 (좋은 것)
　⇒ 빈칸에는 역접 (반대의 관계) 의 단어가 들어간다.

5 「それに慣れれば」=「その国のマナーに慣れれば 그 나라의 매너에 익숙해지면」
　「外国にいることがむしろ」=「外国にいることがどちらかというと 외국에 있는 것이 어느쪽이라고 하면」
　⇒ 빈칸에는 매너에 익숙하지 않았을 때 일어나는 일과 반대의 일이 들어간다.
　◆「むしろ」= (1)「어느쪽이냐라고 하면」(2)「반대로」
　　이 문장에서는 (2) 의 의미로 쓰였다.
　　景気は回復しているそうだが、我々の生活はむしろ苦しくなってきている。

정답 ❶ 3 ❷ 3 ❸ 1 ❹ 3 ❺ 4

해설

문장의 뜻

夜ベッドに入ってなかなか眠れないことほど辛い ❶ **ものはありません** 。眠れないときに眠りにつくにはどうするのがいいか。昔からさまざまな方法が工夫されてきました。その中で最もよく知られているのが、羊を数えるという方法です。眠れない夜に「羊が一匹、羊が二匹…」と数えてみたことがある人は少なくないでしょう。

ところが、実際に数えてみると羊が 100 匹を過ぎても眠れず、逆に、❷ **数えれば数えるほど** ますます眠れなくなってしまったという経験はないでしょうか。

実はこのやり方は、日本語だとうまく機能しないのです。これは、もともとイギリスから伝わったもので、英語 ❸ **だからこそ** うまくいく方法なのです。では、❹ **なぜ日本語だとうまく機能しないのでしょうか** 。

羊は英語で「Sheep(シープ)」です。これは、眠るという意味の英語、「Sleep(スリープ)」と音が似ています。そのため、頭の中で羊を数えながら何度もくり返し「Sheep」と言っていると、だんだん発音がくずれてきて「Sleep(眠りなさい)」に近くなります。「眠りなさい」とくり返し自分に言い聞かせる状態、つまり自己催眠状態となるために眠くなるのです。

ですから、日本語の「ひつじ」を何度言っても、自己催眠効果もリラックス効果も ❺ **生まれません** 。100 匹までいっても、200 匹までいっても眠くならないのは、こうした理由があるからなのです。

밤에 잠자리에 들어서 좀처럼 잠이 오지 않는 것 만큼 괴로운 것은 없습니다. 잠이 오지 않을 때 잠들기 위해서는 어떻게 하는 것이 좋을까. 옛날부터 다양한 방법이 연구되어 왔습니다. 그 중에서 가장 잘 알려져 있는 것이, 양을 세는 방법입니다. 잠이 오지 않는 밤에 「양 한 마리, 양 두 마리…」라고 세 본 적이 있는 사람은 적지 않을 것입니다. 하지만, 실제로 세어 보면 양이 100 마리를 넘어가도 잠들지 않고, 오히려 세면 셀 수록 점점 잠이 오지 않게 되 버리는 경험은 없었습니까?

실은 이 방법은 일본어라면 제대로 기능을 하지 않는 것입니다. 이것은, 원래 영국에서 전해진 것으로, 영어이기 때문에 잘 되었던 방법인 것입니다. 그럼 왜 일본어라면 제대로 기능하지 않을까요.

양은 영어로 「Sheep」입니다. 이것은 잠들다라는 의미의 영어 「Sleep」과 음이 비슷합니다. 그 때문에 머리 속에서 양을 세면서 몇 번이고 반복해서 「Sheep」이라고 말하면, 점점 발음이 흐려지면서 「Sleep(자거라)」에 가까워집니다. 「자거라」라고 반복해서 자신에게 설득하는 상태, 즉 자기 최면상태가 되기위해 졸려지는 것입니다.

그러므로 일본어의 「ひつじ」를 몇 번 말해도, 자기 최면효과도 릴렉스 효과도 생기지 않습니다. 100 마리까지 가도, 200 마리 까지 가도 잠이 오지 않는 것은, 이런 이유가 있기 때문입니다.

❶ 「……眠れないことほど……」의 「ほど」에 주목한다.

   ◆「AほどBものはない」=「AがいちばんBだ／Aは非常にBだ A 가 가장 B 다 / A 는 매우 B 다」

   ✏ 病院の検査ほどいやなものはありません。

❷ 선택지 중에 「〜ば〜ほど」에 주목한다.

   「(数えれ)ば(数える)ほど、(眠くなく)なる」=「(数える)ことが進むと、ますます(眠れなく)なる (세는) 것이 진행되면, 점점 (졸려) 진다」

   ◆「AばAほど、B」=「Aの程度が進むと、Bもいっしょに変化する A 의 정도가 진행되면, B도 함께 변화한다」

❸ 「(日本語ではだめで)英語だからうまくいく」의 「だから」를 강하게 말하면 ⇒「だからこそ」

   ◆「〜こそ」는「〜」를 강조한다.

   ✏ これこそ、私がずっと探していたものです。

❹ 이 빈칸에 들어가는 것은, 앞 문장 「英語だからこそうまくいく」의 이유를 끌어내는 문장

❺ 「何度言っても」에 이어지는 것은, 「眠くならない」를 의미하는 문장=「効果が<u>生まれない</u>」

정답 **1** 4 **2** 2 **3** 3 **4** 4 **5** 3

해설

문장의 뜻

현在、深刻な問題となっている地球温暖化。その原因のひとつはCO₂だと考えられています。電気をつくるため、車を動かすために燃やしているのが石油や石炭などですが、こういった燃料を燃やすと、CO₂が大量に発生します。石油などを燃やせば **1燃やすほど**、空気中のCO₂が増えて、地球が温暖化すると考えられているのです。

この地球温暖化に **2よる** と思われる様々な現象が世界の各地で起きています。例えば、激しい台風や大雨で水害が起きたり、逆に雨が降らなくなって農作物に被害が出たりしています。このような事態は、今後さらに深刻になる **3おそれがあります**。

この問題を解決するために、日本は、CO₂の発生をどれだけ減らすかという具体的なパーセンテージを決めて、世界に約束しています。この約束を実現するために、「スーパーで袋をもらわない」、「水や電気を節約する」などの活動目標も提案しています。

たとえ小さなことでも、多くの人が毎日実行しさえ **4すれば**、大きな効果が期待できます。ぜひ、あなたも、**5できることから始めてみてください**。

현재, 심각한 문제가 되고 있는 지구온난화. 그 원인의 하나는 CO₂라고 생각되고 있습니다. 전기를 켜기 위해, 차를 움직이기 위해 태우고 있는 것이 석유나 석탄 등입니다만, 이런 연료를 태우면, CO₂가 대량으로 발생합니다. 석유 등을 태우면 태울수록, 공기중의 CO₂가 늘어나서, 지구가 온난화 된다고 생각되는 것입니다.

지구온난화에 의한 것이라고 생각되는 다양한 현상이 세계 각지에서 일어나고 있습니다. 예를 들면 격한 태풍이나 폭우로 수해가 일어난다든가, 거꾸로 비가 내리지 않게 되서 농작물에 피해가 일어난다든가 합니다. 이런 사태는 앞으로 더욱 심각해질 우려가 있습니다.

이 문제를 해결하기 위해서 일본은 CO₂의 발생을 어느정도 줄일까라는 구체적인 퍼센트를 정해서, 세계에 약속하고 있습니다. 이 약속을 실현하기 위해「슈퍼에서 봉투를 받지 않는다」,「물이나 전기를 절약한다」등의 활동목표를 제안하고 있습니다.

비록 작은 것이라도 많은 사람이 매일 실행하는 것만 한다면 큰 효과가 기대됩니다. 꼭 당신도 할 수 있는 것부터 시작해 보세요.

💡

1 「燃やせば……CO₂が増えて」는「변화」를 나타내는 표현.

◆「Aば（燃やせば）、Aほど（燃やすほど）、B（増える）」=「Aの程度が進むと、Bもいっしょに変化する A 의 정도가 진행되면 , B 도 함께 변화한다」

✎ その事件を調べれば調べるほど、なぞは深くなっていった。

2 「地球温暖化」는「（世界の各地で起きている）現象」의 원인.「원인」을 나타내는 표현이 빈칸에 들어간다.

◆「（原因）による（結果）（원인）에 의한（결과）」

✎「病気による欠席」「不注意による事故」

3 「今後」：앞으로의 일을 예상하고 있다. 나쁜 것을 예상하고 있다.

◆「おそれがある」=「（悪いことが）起こる可能性がある（나쁜 일이）일어날 가능성이 있다」

✎ 明日は大雨になるおそれがあります。雨にご注意ください。

4 「実行しさえ」에 주목한다.

◆「〜（し）さえ（すれ）ば」=「〜だけ（すれ）ば、それでいい 〜만（하）면, 그걸로 좋다」

✎ だれかに聞きさえすれば、すぐわかりますよ。

5 「ぜひあなたも」：「ぜひ」는「〜たい／ほしい」나「〜てください」의 문장에서 사용되는 경우가 많다. 이 문장은 CO₂를 줄이기 위한 활동목표에 대한 내용이므로 3이 어울린다.

◆ 「ぜひ 꼭」   ✎「今度ぜひ私の家に遊びに来てください」「はい。ぜひ伺いたいです」

정답   **1** 4   **2** 2   **3** 3   **4** 3   **5** 2

해설

문장의 뜻

　子どもに本を読んで聞かせる「読み聞かせ」は、子どもの読解力の向上にどれほど効果があるのだろうか。その効果をみるテストをしてみた。小学２年生10人を、声を出さずに読む「黙読チーム」と「読み聞かせチーム」の２チームに分けた。そして、同じ話を黙読チームは自分で静かに読み、読み聞かせチームは先生に読んでもらった。その後、両チームに、話の中で一番盛り上がった場面がどこかと質問した。 **1 すると** 、黙読チームは盛り上がる前の場面を答えたり、関係のない場面を答えたりして、５人とも間違えてしまった。 **2 これに対して** 、読み聞かせチームは５人中４人が正しく答えた。

　専門家によると、子どもは **3 読む力より聞く力** のほうが先に発達するため、読み聞かせのほうがイメージが広がり、理解しやすいのだそうだ。大人が子どもに本を読んで聞かせると子どもの読解力が向上するというわけだが、自分自身では読まない **4 にもかかわらず** 、読む力がつくというのは注目すべきことである。ただし、ＣＤなど機械の音声で聞かせると、子どもの集中力が弱くなり、効果も減ってしまうという実験結果もある。読み聞かせでは、読み手が心を **5 こめて** 読むように注意を払う必要がありそうだ。

　아이에게 책을 읽어주는 「읽어주기」는 아이의 독해력 향상에 어느 정도 효과가 있을까. 그 효과를 보는 테스트를 해 봤다. 초등학교 2학년 10명을 소리를 내지 않고 읽는 「묵독 팀」과 「읽어주는 팀」의 두 팀으로 나눴다. 그리고 같은 이야기를 묵독 팀은 스스로 조용히 읽고, 읽어주는 팀은 선생님에게 읽어주게 했다. 그 뒤, 양 팀에게 이야기 중에 가장 고조된 장면이 어딘가를 질문했다. 그러자 묵독 팀은 고조되기 전 장면을 대답한다든가, 관계 없는 장면을 대답한다가 해서 5명 모두 틀려버렸다. 그것에 비해 읽어주는 팀은 5명 중, 4명이 맞게 대답했다.

　전문가에 의하면 아이들은 읽는 힘보다 듣는 힘 쪽이 먼저 발달하기 때문에 읽어 주는 편이 이미지가 넓어지고, 이해하기 쉽다고 한다. 어른이 아이에게 책을 읽어주면 아이의 독해력이 향상된다는 것이지만, 스스로 읽지 않는 것에도 상관없이 읽는 힘이 생긴다는 것은 주목할 만한 것이다. 단, CD 등 기계 음성을 들려주면, 아이의 집중력이 약해져서, 효과도 떨어져 버린다는 실험결과도 있다. 읽어주는 것은 읽는 사람이 마음을 담아서 읽도록 주의를 기울일 필요가 있는 것 같다.

---

1 빈칸 앞에 있는 문장의 내용 (A) 와 뒤에 있는 문장의 내용 (B) 에 주목한다.

　A : 「子どもたちに質問をした」 B : 「5人とも答えを間違えた」

　A의 뒤에 일어난 일을 객관적으로 B에서 말할 때, B의 처음에 사용하는 말은 「すると 그러자」

　◆「A。すると、B　A. 그러자, B」

　📝 ドアが開いた。**すると**強い風が入ってきた。

　◆「A。そこで、B　A한 뒤에 (의지로) B를 하다」

　📝 5人とも答えを間違えた。**そこで**、もう一度話を読んで聞かせた。

2 질문의 결과는 「5人とも間違えた」(잘 이해하지 못했다) 팀과 「4人が正しく答えた」(잘 이해했다) 팀. 이 두 개는 반대의 결과.

　◆「A。これに対して、B」=「A. 그것과 반대로, B」

3 어른이 아이에게 「読み聞かせ 읽어주기」를 한다⇒아이는 「聞く 듣는다」⇒ 이야기를 이해하기 위해서는 아이에게 「聞く力 듣는 힘」이 필요.

4 「自分自身では読まない」のに「読む力がつく」

　◆「A にもかかわらず B」=「A의에/けれどもB　A 인데 / 그렇지만 B」

　📝 十分に準備をした**にもかかわらず**、成功しなかった。

정답 ▮1▮ 2　▮2▮ 1　▮3▮ 1　▮4▮ 4　▮5▮ 3

[해설]

[문장의 뜻]

　　ネット社会、それはインターネットでつながる世界のことをいいます。世界中の人と簡単にコミュニケーションができたり、様々な情報を楽に集められたり、魅力（みりょく）がいっぱいの新しい社会です。これほど便利なネット社会ですが、そこには残念 [1 ながら] 大きな危険もあるのです。

　　例えば、ネットショッピングです。インターネットの [2 おかげで] 店まで行かなくても自宅で欲しい物を買うことができるようになり、離（はな）れた土地の名物なども簡単に手に入るようになりました。 [3 その一方で]、注文した商品が届かない、クレジットカード番号などの個人情報が盗まれたり、勝手に使われてしまった、というような被害が報告されています。このように、ネットショッピングは、[4 便利にもかかわりなく]、危険が伴っているのです。

　　これからもネット社会におけるサービスは増え続けるでしょう。コミュニケーション、買い物、情報を集める方法などがさらに便利になっていくに [5 違いありません]。一方で、私たち自身の責任も大きくなります。快適で安全な生活のために、「自分で自分を守る」ことが、今、必要とされています。

인터넷 사회, 그것은 인터넷으로 연결되는 세계를 말합니다. 전세계의 사람과 간단하게 커뮤니케이션 한다든가, 다양한 정보를 편하게 모은다든가, 매력이 가득한 새로운 사회입니다. 이 정도로 편리한 인터넷 사회입니다만, 거기에는 아쉽게도 큰 위험이 있습니다.

예를 들면, 인터넷 쇼핑입니다. 인터넷 덕택에 가게에 가지 않아도 집에서 원하는 물건을 사는 것이 가능해져서, 떨어진 지역의 명물 등도 간단하게 손에 넣을 수 있게 되었습니다. 한편, 주문 한 상품이 도착하지 않는다, 신용카드 번호 등 개인 정보가 도난 당한다든가, 맘대로 사용되어 버린다, 이런 피해가 보고 되고 있습니다. 이렇게 인터넷 쇼핑은 편리함에도 불구하고 위험이 따르는 것입니다.

앞으로도 인터넷 사회에 있어서 서비스는 늘어갈 것이겠죠. 커뮤니케이션, 쇼핑, 정보를 모으는 방법 등 더욱 편리해져 가는 것에 틀림없습니다. 한편 우리들 자신의 책임도 커집니다. 쾌적하고 안전한 생활을 위해 「스스로 자신을 지킨다」는 것이 지금 필요합니다.

▮1▮ 「残念 … 大きな危険もある」의 문장은 「残念だが、大きな危険もある」이라는 문장이 어울린다.
- ◆「～ながら」=「～ (だ) が」
- 📝 あの子は、子ども**ながら**、しっかりした話し方をする。
　　太るとわかってい**ながら**、またケーキを食べてしまった。

▮2▮ 「店まで行かなくても自宅で欲しいものを買うことができる」(좋은 것)
　⇒ 인터넷에 의해 좋은 일이 일어났다
- ◆「～おかげで」=「～によっていいことが起きた ～ 덕분에, ～ 에 의해 좋은 일이 일어났다」
　「～せいで」=「～によって悪いことが起きた ～ 때문에, ～ 에 의해 나쁜 일이 일어났다」
- 📝 がんばって勉強した**おかげで**、成績がよくなった。
　　勉強しなかった**せいで**、成績が悪くなった。

▮3▮ 빈칸의 앞 문장:「～買うことができるようになり、～簡単に手に入るようになりました」(좋은 것)
　빈칸의 뒤 문장:「被害が報告されています」(나쁜 것)
　⇒ 빈칸의 앞 내용과 뒷 내용의 관계는 반대의 관계
- ◆「その一方で」=「それと別に それと個別で」「それと反対に それと反対で」
- 📝 彼女は日本で日本語を勉強している。**その一方で**、英語の教師として仕事をしている。
　　日本は20歳以下の人口が減っている。**その一方で**、60歳以上の人口は急激に増加している。

4 「危険が伴っている」＝「危険なこともある 위험한 것도 있다」

◆「反面」＝「反対に 반대로」

📝 給料が上がった**反面**、仕事の責任が大きくなった。

5 앞으로의 일을 말하고 있으므로, これからのことを言っているので、「〜」에는 추측의 표현 (「たぶん」「きっと」 등) 이 어울린다.

◆「〜にちがいない」＝「きっと〜だろう 분명 〜 일 것이다」

📝 リンさんはとてもうれしそうな顔をしている。何かいいことがあった**にちがいない**。

일본 UNICOM과 독점 라이센스

N2

新

파트별

실전적중

문제집

문법

1 4 7 3 0

9 788983 007995

ISBN 978-89-8300-799-5
ISBN 978-89-8300-797-1 (세트)

문제집 + 해설집 포함 값 **13,000원**